前田鎌利
KAMARI MAEDA

VUCA時代の
ビジネススキルをアップデート

# 社内プレゼンの質疑応答術

決裁者を納得させる最強の答え方と準備の方法

## はじめに

プレゼンテーションを通してビジネスパーソンは何を勝ち取っているのでしょうか？

私がいつも断言していることがあります。

プレゼンを通して勝ち取るもの、それは、「未来」です。

- 目の前にある課題を解決することで、よりよき方向へ舵を切る
- 新規提案を通して、自分が進めたい事業を率先して実行に移していく

それらの先にあるのは、会社という「器」を使って実現させたい未来であり、企業が実現する未来でもあります。

しかし、プレゼンで「自分が実現したい未来を伝えるだけでは社内で承認が取れな

い」ということを実感した経験はないでしょうか?

- プレゼンはうまくできたのに、想定外の質問をされて頭が真っ白になってしまった
- 聞かれたことに答えられるデータを用意していなかった
- どんどん脱線してしまい、結局、決裁されなかった

これらはプレゼンを行なったことがある人なら、必ず一度は体験する事象です。

年間200か所以上の企業や自治体・学校・団体などで講演や研修、コンサルティングを通して私が分析した共通の事実があります。それは、どのプレゼンも

- 限られた時間で行う
- 意思決定を伴う

ということです。当たり前のことですが、この当たり前のルールの中で決裁されない

ケースのほうが圧倒的に多いのです。

- 時間が来たので、とりあえず次回の会議へ先送りする
- 時間を無視してダラダラと会議を続ける
- 議論したが、結局、何も決まらない
- そもそも何を決めるのか不明確

これは、プレゼンをする側にも決裁する側にも問題があります。

また、企業によって使用するツールは多種多様です。

私が以前従事していたソフトバンクでは、社内プレゼンではパワーポイントやキーノートを使用していました。アマゾンではワード。トヨタではA３用紙１枚にまとめるなど、そのツールやフォーマットはさまざまです。しかし、

- 限られた時間で行う

## ●意思決定を伴う

この2点は、本質的にどの企業においても共通する普遍的なルールです。

このルールの中で、確実に決裁を勝ち取ることが難しいのは、**「プレゼンだけでは決裁を勝ち取れない」**ということを意味しています。そのために必要不可欠なスキルが、本書でお伝えする「質疑応答術」です。

意思決定を行う上で大切なのは、「どう説明して理解させるか」ということ以上に、**「決裁者にどう納得させるか」が重要**になります。

これまでプレゼンを行なった経験がある人は、次のような質問を受けたことがあるはずです。

「内容はわかったけれど。で、どうするの？」
「そもそも、これってやる意味あるの？」
「これで上手くいくと思っているの？」

「根拠は？」
「他にないの？」

いかがでしょうか？　これらの質問が出てくるということは、

『プレゼンで伝えられた内容だけではわからなかったから、補足して教えてほしい』

という決裁者の意思表示です。それらに的確に答えることで、決裁者はあなたに対して**「安心と信頼」**を抱くのです。

社内プレゼンは、「決裁を通すこと」が必要不可欠です。決裁が通らなければ予算も付かず、アクションも取れません。相手に意思決定して行動してもらわなければ、何も始まらないのです。

本書は私がこれまで執筆してきた、短時間で相手に理解させる資料作成術の先にある、**決裁を勝ち取るために必要な納得感を高めるメソッド**を体系化しました。

プレゼンテーションを行う際、プレゼンが相手に伝わるメカニズムを本書で理解していただき、さらに最後の仕上げとして巻末に掲載した「社内プレゼンＦＡＱチェック＆アクションリスト」（→１７９ページ）を使って最終準備に取り組んでみてください。あなたの社内プレゼンの勝率は確実に、そして格段に上がります。

あなたが決裁を勝ち取り、その事業を実行することで、企業が創り出す未来が世界をさらによきものにしていく一助となることを願って。

さあ、勝率１００％の社内プレゼンに向けた「質疑応答術」を、あなたの武器にしましょう。

前田　鎌利

目次

第2章 「プレゼンの話し方」を磨く

# 第3章 「質疑応答の話し方」を磨く

# 第4章 社内プレゼンの準備と実践

# 第1章

# 社内プレゼンの構造

# 社内プレゼンの全体像

一般的な社内プレゼンは左図のような構造・構成で準備・実施することになります。本項ではまず、全体の流れをつかむため、それぞれのプロセスで注意すべきポイントを簡潔に解説しておきたいと思います。

## 発生（キックオフ）

プレゼンを作る最初のきっかけは2種類です。

「トップダウン」は上司からの指示によるもので、指示者には**必ず「課題の意図」を確認する**ことが大切です。

社内プレゼンでは圧倒的に「トップダウン」が多いでしょう。

# 社内プレゼンの全体像

発生
- トップダウン案件
- ボトムアップ案件

**思考**
- ① 課題
  - 課題の認識
- ② 原因
  - データ収集
  - ファクトチェック
  - 原因の特定
- ③ 解決策
  - アイデア出し（1人→複数）
- ④ 効果
  - リサーチ
  - ヒアリング
  - シミュレーション

**作成**
- ⑤ ブレストシート
- ⑥ ストーリー
- ⑦ 1枚サマリー
- ⑧ スライド＋Appendix

**チェック**
- ⑨ 練習
  - セルフデモ＋撮影＋チェック
  - 2つ上の役職の視座
- ⑩ Q&A会議（仮想質疑応答）
  - FAQの強化
  - Appendixの強化

**プレゼン**
- ⑪ プレゼン
  - セルフブランディング
  - 質疑応答対応

**アクション**
- ⑫ 自走力
  - 議事録チェック
  - アクションスピード

これに対して、「ボトムアップ」は、自分から提案する形のプレゼンで「課題は何か」を把握していることが前提になります。

## 思考

### ①課題

「解決すべき課題が何か」「それをいつまでに解決しなければならないのか」ということをしっかりつかみます。

### ②原因

次に、「そもそも、なぜその課題が発生しているのか」という理由やファクト（根拠となるデータ）を押さえます。

ファクトを押さえる時、どうしても主観で都合のいいものばかりを集めてしまいがちですが、「客観的に事実はどうなのか」という情報を集めるよう心がけます。

**ファクトとして会社でよく使う数字は「実数」と「割合」**です。

データは直近1年以内のもの、長くても2年以内のものに当たる必要があります。出典の信憑性(しんぴょう)についてては、必ずチェックしながら集めることが大事です。

## ③解決策の検討

### 検索力とスピード

「課題を解決するにはどうしたらいいか」というアイデアを出す時、当然ながらまずは「自分で考える」ことから始めます。

ただし昨今は、VUCA(Volatility〔変動性〕・Uncertainty〔不確実性〕・Complexity〔複雑性〕・Ambiguity〔曖昧性〕)の時代。変化に対応する力が求められ、特に「スピード」が要求されます。

「状況の変化に応じて、いかに早くキャッチアップして課題を解決していくか」というテーマのプレゼンが、これからますます増えるでしょう。

アウトプットのスピードを上げるには、日頃から「情報収集力(検索力)」を高めておくことがポイントです。例えば、想定外の事態が起きた時、いち早く必要な情報にリーチできるか。しかも、国内だけでなく、グローバルな視野からの情報やソースにアクセスできるよう、日常から備えられているかどうかが勝負になります。

当然、信憑性の高い情報を取りに行ったほうがいいので、どういうデータの信頼性が高いか、二次情報よりも一次情報にアクセスするにはどこを当たればいいか、ということを日頃からメンテナンスしておく必要があります。

## 外脳を使う

当然ながら、自分で調べたり考えたりするにも限界があるので、自分以外の助けを求めるほうがいい場合もあります。この自分以外の助けのことを「外脳」と呼んでいます。「外脳」のネットワークを使うことが、これからの時代に求められる、変化対応力とスピード感を持った思考法です。

しかし、この「外脳」を自ら持とうとしない人は意外に多く見受けられます。

普段から、社内・社外を問わず「その人の強み」を押さえてつながっておくことがポイントです。例えば、「業界動向に強い」「ＳＤＧｓに関して詳しい」というように、「何に対する強みを持っている人か」を意識してつながりを持つのです。

社内の「外脳」であれば、上司や他部署のスペシャリストなどが該当します。社外

# アイデア出しは個人＋外脳

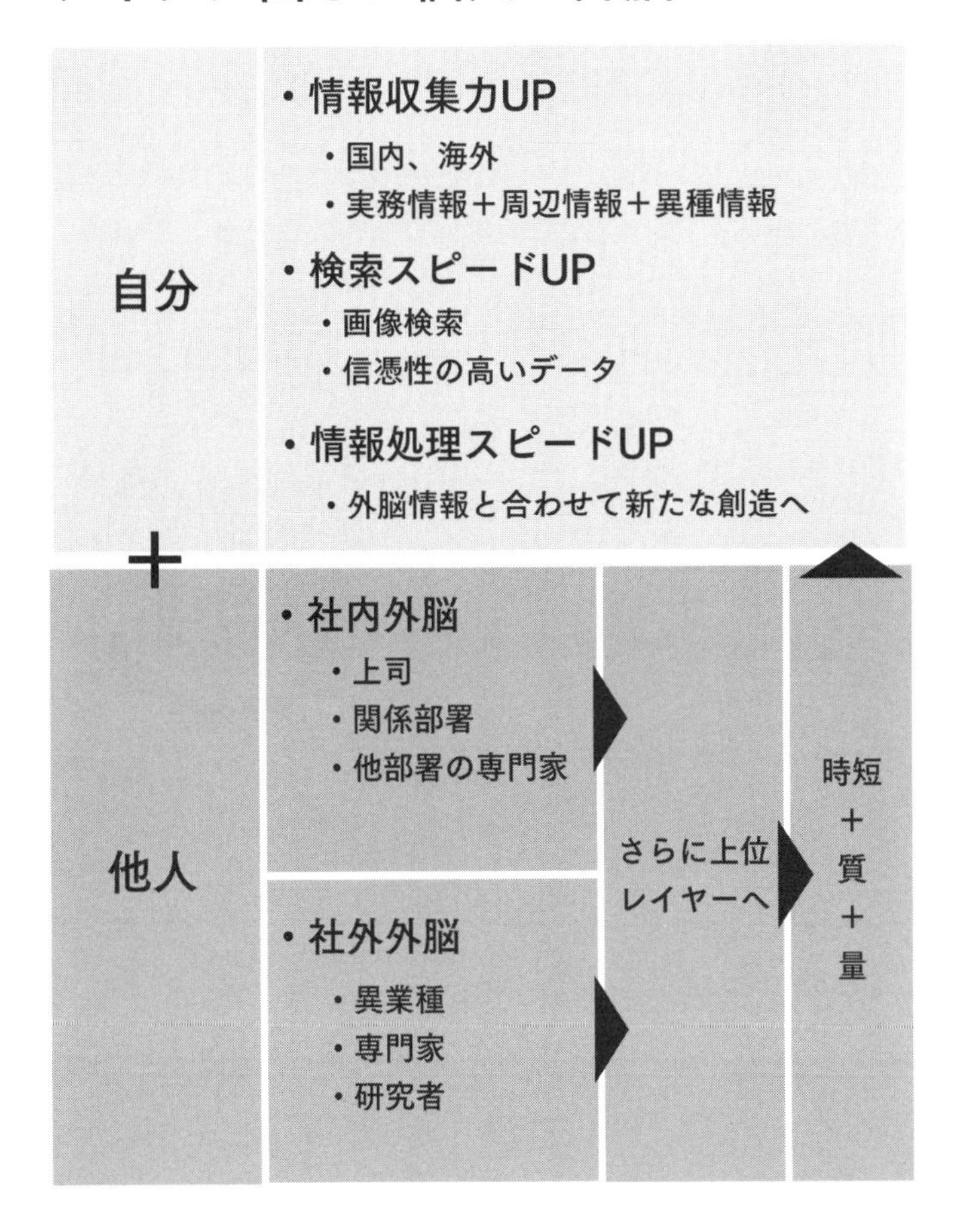

だと全くの異業種や、その道の専門家・研究者といったネットワークを形成できればいいでしょう。

また、一般社員の場合はそれほど「視座（物事を見る立場・姿勢）」が高くないので、少しでも上位の役職者を自分の「外脳」にできれば、相手の視座が高い分、当然、アドバイスやコメントの質もよくなります。これによって考える時間も時短でき、質も上げられ、さらにアウトプットの量も増やせるのです。

**④効　果**

「実際に提案内容を実行すると、こんな結果が待っている」という未来像をしっかり示します。これもデータで補強して定量的に示すと説得力があります。

## 作成

**⑤ブレストシート**

「思考」のパートを踏まえて、実際にプレゼン資料やスライドを作っていくわけです

が、まずはブレストシートを埋めていく作業を行います。(↓次ページ)

**⑥ストーリー作成(プロット・スライド)**

ブレストシートとプロット・スライドでプレゼン全体のストーリーを作る工程です。スライドを作る前にプロット・スライドを並べ替え、「どんなストーリーがいいか」を考えていきます。(↓027ページ)

**ストーリー構成のポイント**

社内プレゼンの場合、「課題⬇原因⬇解決策⬇効果」の順で説明します。それぞれを、課題⬇「なぜ?」(原因)⬇「だからどうする?」(解決策)⬇「するとどうなる?」(効果)という接続語で、相手の思考がつながるようにします。

**⑦1枚サマリー**

プレゼンのストーリーを1枚にまとめ、端的に説明できるように加工したものを用意します。(↓028ページ)

# ブレストシート

| | 結論 | 根拠（データ） |
|---|---|---|
| 課題 | | |
| 原因 | | |
| 解決策 | | |
| 効果 | | |

# ストーリー作成

**スライドを複数枚作って<br>各スライドの内容を記入する**

## 1枚サマリー：例 Z店改善計画

### Aパターン

| | |
|---|---|
| 課題 | Z店売上：3か月連続前年同月比割れ |
| 原因 | 近隣に大型スーパー出店。ラインナップ数、価格で競争力ダウン |
| 解決策 | **オリジナル商品A:単価1,000円高級和菓子** |
| | オリジナル商品B:単価2,000円おもちゃ付き |
| 効果 | **A:3か月売上見込:396万円 利益:211.5万円** |
| | B:3か月売上見込：300万円　利益:225万円 |
| スケジュール | **A:5月5日スタート** |
| | B:8月1日スタート |
| メリット | **A:有名店和菓子=話題性高。早期開始可能。継続性あり。** |
| | B:Max1500体の売上見込（300万円） |
| デメリット | **A:日持ち3日（廃棄リスク6%/3個）** |
| | B:1か月500体の限定生産。マーケットサイズ1,500体で終了 |

### Bパターン

| | |
|---|---|
| 課題 | Z店売上：3か月連続前年同月比割れ |
| 原因 | 近隣に大型スーパー出店。ラインナップ数、価格で競争力ダウン |
| 解決策 | オリジナル商品の開発 |
| 効果 | 売上増 |

| | **A案** | B案 |
|---|---|---|
| 解決策 | **単価1,000円高級和菓子** | 単価2,000円おもちゃ付き |
| 効果 | **3か月売上見込:396万円、利益211.5万円** | 3ヶ月売上見込:300万円、利益225万円 |
| スケジュール | **5月5日スタート** | 8月1日スタート |
| メリット | **有名店和菓子=話題性高。早期開始可能。継続性あり** | Max1500体の売上見込（300万円） |
| デメリット | **日持ち3日（廃棄リスク6%/3個）** | 1ヶ月500体の限定生産<br>マーケットサイズ1,500体 |

短時間でプレゼンをする場合、この1枚でも十分伝えられる資料にできます。

**⑧スライド＋Appendix**

スライドは、課題➡原因➡解決策➡効果の順番で並べていくわけですが、それに加えて質疑応答で必要となるＡｐｐｅｎｄｉｘを用意します。

ここまでできると実際のプレゼンに臨めるようになります。

## チェック

**⑨練習**

練習については、自分のプレゼンをスマホなどで撮影してチェックする方法と、第三者からフィードバックしてもらう方法の2つのやり方があります。

ただし、**第三者からのフィードバックは「ダメ出し」をもらうのではなく、質問をしてもらったほうが準備につながります。**

内容に関しては**「決裁者の視点」から聞かれそうな事柄を質問してもらう**のがいいでしょう。

**⑩Q&A会議**

これは第三者を交えて質疑応答でFAQを追加していく工程です。

複数人いれば、それぞれの配役を決めて、仮想の質疑応答を実際にやってみるのもいいでしょう。さらにAppendixを追加補充して強固なものにします。

## プレゼン

**⑪プレゼン**

本番のプレゼンです。上位職の方にプレゼンをすることで、セルフブランディングにもなりますし、質疑応答でいい対応ができれば信頼度も増していきます。

## アクション

⑫自走力

プレゼンが終わったら素早く議事録をチェックして行動することで、評価にもつながっていきます。

**まとめ**

- 「思考➡作成➡チェック➡プレゼン➡アクション」のプロセスを理解する
- 外脳によってアウトプットのスピードを上げる
- 質疑応答の準備をする

# 社内プレゼンのタイムライン

## プレゼンの構成と時間配分

社内ルールで時間が決まっている会社もありますが、これまでの経験から、スピード経営を旨とする企業においては、だいたいの目安として社内プレゼンは15分程度が多く、冒頭3分をプレゼン、続く10分で質疑応答、最後の2分で決裁（クロージング）という割合で構成を考えます。

### 3分でどう話すか

3分でプレゼンを話すにあたり、スライドに文章がたくさん書かれていると、それ

## 社内プレゼンの15分タイムライン

プレゼンテーション：3分

読み上げないプレゼン

質疑応答 10分

不信➡信頼　不安➡安心

意思決定：2分

を読み上げる傾向が強くなります。

そうすると決裁者は「この人は書いてあることを読み上げるんだな」と思ってしまい、「説明はいいから結論はどうなの？」とプレゼンを中断して結論を聞いてくるか、プレゼンそのものを聞かなくなってしまいます。

それを避けるため、**スライドはキーメッセージをシンプルな箇条書きにしておき、文脈に合わせて情報を補足して伝えていく**のが基本です。

## スライドはメリハリをつけて強調

このように「プレゼンの話し方」というのは、スライドで9割ぐらい決まってしまうと言ってもよく、そもそもスライドが拙(まず)いと、話し方もダメになります。

1枚のスライドには情報量をあまり盛り込まないようにして、端的にキーメッセージがあったほうが何を伝えたいかわかりやすく、なおかつ根拠がしっかり盛り込まれていると説得力も増します。

シンプルなスライドであれば、話す内容も多くなりません。時間的にも3分で収まるよう5枚から9枚程度に抑えるのが適切です。

前著『社内プレゼンの資料作成術』で詳しく述べましたが、キーメッセージは13文字以内、箇条書きの文章にする場合でも、1行40文字ぐらいまでに留めたほうが見やすく、あまり書き込みすぎないのが鉄則です。

**スライドの作り方として、強調したい部分の文字を大きくしたり太くして「アクセント」がついていると、箇条書きでも、目はアクセントの付いた部分だけを追いますから内容がわかりやすくなります。**（→058ページ）

箇条書きの伝えかたも、「3つポイントがあります。1つ目は○○、2つ目は△△、3つ目が□□です」というように短く切って伝えます。

プレゼンに慣れていない人は、そもそも箇条書きにせず、スライドに文章をダラダラと書いてしまうのでわかりにくくなります。スライドを文章で埋め尽くしても伝わらないのです。

## プレゼン台本は不要

プレゼンの台本を作ると、質疑に臨機応変な対応ができません。途中で止められたり、時間が足りなくなった時でも「台本どおりに話さないと破綻してしまうのではないか」と不安になるので、台本は作らないほうがいいでしょう。

むしろ、それぞれのスライドで何を言いたいのかが短く端的にまとまっていれば、伝えたいことは明確なはず。台本は不要です。

**まとめ**

- プレゼンの時間配分では「質疑応答」にウェイトを置く
- スライドはシンプルに、キーメッセージを主とする
- プレゼン台本は不要

# 意思決定のウェイト

## 決裁者の意思決定プロセス

「社内プレゼン」と「意思決定」のウェイト比率は、感覚的に1対9ぐらいのイメージと考えていいでしょう。

では、決裁者はプレゼン中に何を見て、質疑応答で何を確信して、意思決定するのでしょうか。主なポイントとしては

- **そもそも与件の論点（何に答えなければならないのか）をしっかり捉えているか**
- **その上で現状がきちんと把握できて、提案内容が妥当か**

## 社内プレゼンの話し方
## 意思決定のウェイト

プレゼンテーション：1割

＋

質疑応答

9割

- **提案内容はロジカル、シンプルでわかりやすいか**
- **データやエビデンスは正確か**
- **質疑応答で質問に対して正確に答えているか。嘘やはぐらかしはないか**
- **担当を任せても問題ないか、託せるかどうか**

という点を見て判断しています。

元来、決裁者というのは、自分で全部できるぐらい優秀な人が多いのですが、当然、リソースには限りがあり、時間も有限ですので誰かに任せることになります。それが「決裁」という行為ですが、「キミに任せた」という時、**「納得感」や「信頼感」が持てるかどうかが決め手**になります。

また、プレゼンターは事前に社内でネゴシエーション（事前交渉）をしておくと、第三者からフォローしてもらえることがあります。

例えば、社長に対してプレゼンする前に、副社長、専務、常務といった人たちにしっかりネゴシエートできていると「これはすぐやったほうがいいですよ社長」と応援者になってくれることもあるわけです。

さらに、「この人に任せても大丈夫か」という疑念に対しては、胆力を見極めてもらうため、「自分で最後までやり切ります」という意志を伝えることが必要です。

## 決裁者の心理と態度を読む

プレゼンターはプレゼンの内容について、「丁寧に説明しないとわからないのでは?」と思って話す人が大半ですが、決裁者は話の途中でプレゼンターが伝えたいことを大筋で理解できるため「で、結局どうしたいの?」「中身はだいたいわかったから、どうするの?」と早く結論を知りたくなるのです。

基本的に決裁者は限られた時間で、できるだけ多くの意思決定をして、アクションを増やし、結果につなげたいので、読めばわかることをいちいち読み上げられて聞く時間は極力避けたいわけです。

このギャップを理解していないとプレゼンが長くなり、決裁者は「くどい」と思ってしまうのです。態度としてストレートに「説明はもういいよ」という人もいますし、口には出さないものの表情やしぐさで示す場合もあります。

これが対面なら、何となく空気で察することができたわけですが、オンラインになると伝わりづらかったりします。

## 社内プレゼンは不要の会社も

元来、決裁者が事前に資料を読んでいればプレゼンテーションは不要で、一番効率のいい決裁方法としては「質疑応答」からスタートすることです。

つまり、冒頭3分のプレゼンはなくてもよいのがベストなのですが、決裁者は忙しいので事前に資料を読む時間はない。そこで手短に3分ぐらいで説明を受けた後、質疑応答で知りたいところだけを聞いてジャッジするのが最適なプレゼンなのです。「パワポ禁止」「プレゼン不要」の会社というのは、その現れと言えるでしょう。

アマゾンではプレゼンの代わりに、会議冒頭の15~20分間で出席者全員が資料を黙読する形から始めます。この場合、決裁に必要な事項のすべては配付資料に記されている必要があります。

## 決裁者に最適化したプレゼン

プレゼンターによって決裁者が知っている領域と知らない領域の把握度は違います。「決裁者が何を知っていて、何を知らないのか」ということを日頃からリサーチしていれば、「おそらくこの件で、この人はこういうことを知りたいんだろうな」とか「役員や社長は、こういうことを一番不安に思っているんだろうな」ということをスライドや資料にも反映できるでしょう。

その意味で、**社内プレゼンは、「日頃から当日本番に向けた準備が始まっている」**と言えるのです。

決裁者が知りたいことや、不安を解消する情報を準備してスライドや資料に落とし込んでいくことで、より効率的な仕事の仕方になり、決裁も通りやすくなります。

さらには「こいつ、わかっているな」というように、「仕事の勘所(かんどころ)をしっかり押さえている」という評価にもつながるのです。

## 納得度は「質疑応答」でしか上げられない

プレゼンは最終的に決裁を取ることがゴールです。**「質疑応答」では決裁者の不安や不信感を払拭することが求められます。**

「不安」の根源は「わからない、理解できないことがある状態」というのが1つ。

もう1つは、「理解はできても、腹落ちしていないので納得できない状態」です。

この2つを解決して、**相手の納得を醸成するために行うのが質疑応答**なのです。

**理解**

プレゼンの内容を聞いた時点で、全体の3割から5割程度は理解できるわけですが、まず、「提案内容は論理的に筋が通っているか」「根拠はわかりやすく正確か」「現状把握は正しく事実を捉えているか」というように、ロジックや根拠、事実確認の検証をしながら提案の内容を理解します。（↓次ページ図）

# 決裁者の意思決定プロセス

| | |
|---|---|
| プレゼン | **提案内容を理解**<br>・ロジカル<br>・シンプル<br>・データ<br>・エビデンス<br>・現状把握 |
| 質疑応答 | **提案内容を納得**<br>・質問に対して正確に答えられるか（Appendix）<br>・任せて大丈夫そうか（信頼）<br>→過去の実績<br>→熱意<br>→第三者からのフォロー<br>・最後までやり切れそうか（胆力） |
| 意思決定 | ・提案内容を**決断** |

## 納得

プレゼンの直後は「納得度」が低いものです。納得度は、実は質疑応答を経ることによって上がっていくもので、プレゼンを聞いただけでは、なかなか醸成されないものです。(↓次ページ図)

納得は信頼と同じことなので「この人だったら大丈夫」「この人だったら任せていいかな」と思ってもらえるよう、信頼を勝ち取っていくことで生まれます。

次ページの納得度のグラフは、単純計算ながら私の感覚値を図式化したものです。年間200社で1回あたり平均30人と仮定して、5年間で約3万人ぐらいの方々のプレゼンや会議を見てきた経験値です。プレゼンを3分聞いただけでは、内容を8割ぐらいは理解できても、残り2割ぐらいは理解できない部分が残っています。

その段階では、内容を8割理解できていたとしても、「本当にやりたい」「今すぐやるべきだ」と思える状態には至っていません。この段階で即決できるのは2割程度というイメージです。この**「納得度」を高めるのが質疑応答**なのです。

質疑応答で聞きたいこと、知りたいことを確認する。つまり、**提案者の意志や力量を見抜く工程が必要**になるのです。

## 決裁者の理解度と納得度推移

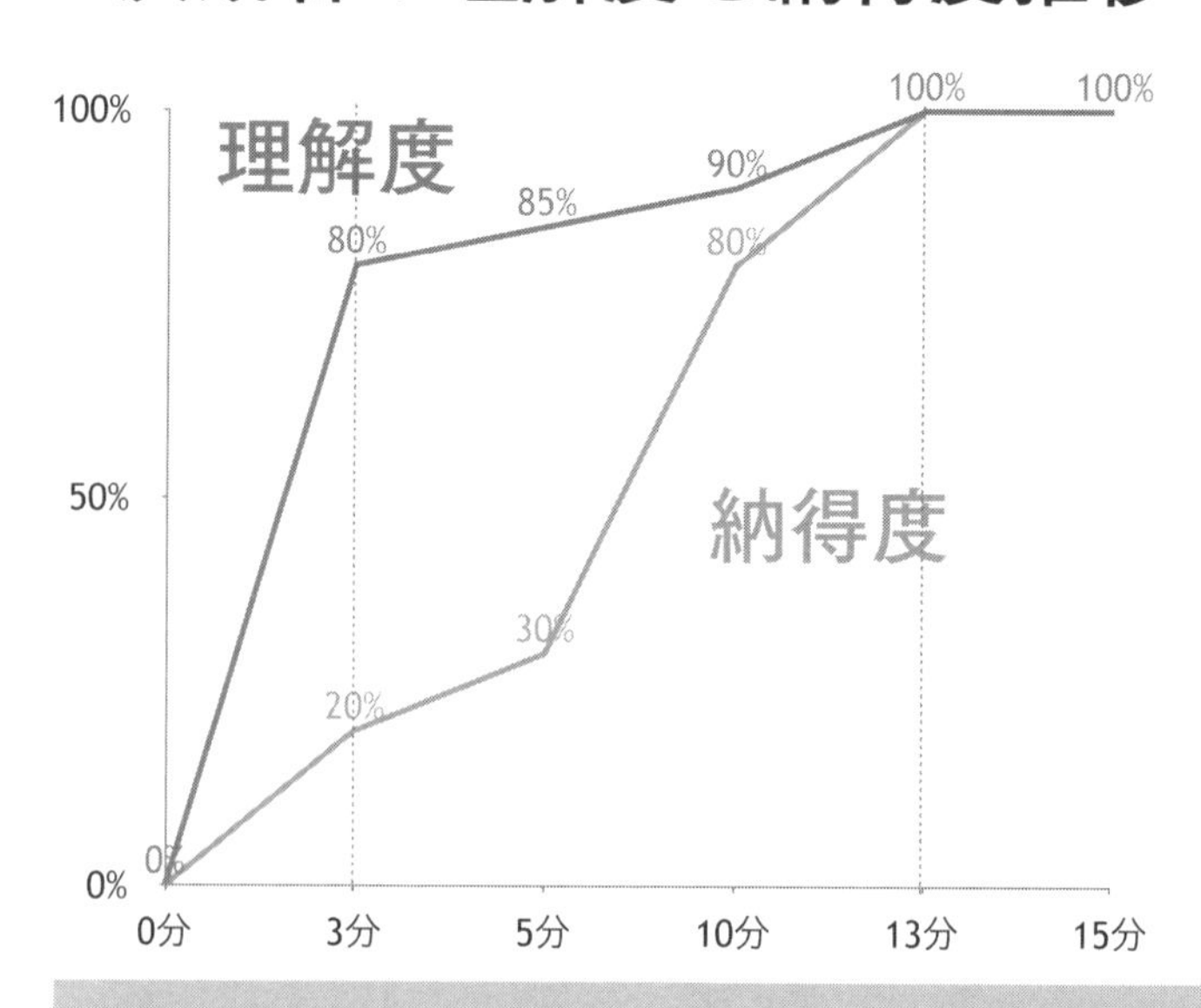


3分プレゼン終了時

**理解80%　納得20%**

**質疑応答➡納得度上昇**

質疑応答終了時

**理解度＋納得度100%＝決裁**

## 信頼感がモノを言う

1回のプレゼンテーションで決裁が取れる人の場合、上の方とのシンクロ率が高い、社歴が長く実績がある、という理由が大半です。逆に、新入社員や決裁者と信頼関係が形成されていない人の場合、1回で決裁を取るのは難しいでしょう。

例えば、社員数の多い大企業で、「今年入った新卒の○○です。今からプレゼンをします」というケースでは、社長からの信頼感はまだ醸成されていません。

社長のほうも「新入社員だから内容もまだまだだろう」と捉えていますから、質疑応答で思考性や人となりを確認している部分も往々にしてあるため、一発OKは出にくくなります。

## 決裁をスモールステップで刻む

決裁者の理解と納得に関しては、1回のプレゼンですべて勝ち切れる場合もあれば、当然ながら、できない場合もあります。

部分的にはOKでも一部積み残しが出たり、最初から少しずつスモールステップで決裁を取っていく場合があります。

このような時「この2つは最低でも通そう」「スケジュールだけは通そう」というように、「自分の中で、最低限勝ち取りたいゴール」を設定することも有効です。

「今回はここまで通せた」「今回はここまで勝ち取れた」というような実績を積み上げていくことで、いつしか一発で100%決裁が通るようになっていきます。

**まとめ**

- **決裁者は「質疑応答」で意思決定する**
- **「質疑応答」で決裁者の信頼と安心を勝ち取る**
- **スモールステップを刻めば100%決裁に辿り着く**

# 第2章

# 「プレゼンの話し方」を磨く

# 4 社内プレゼンの話し方5つのポイント

## 1. 結論＋理由（根拠）を話す

プレゼンテーションの話し方で気をつけたいのは、結論から話すことです。

フォーマットは2種類ありますが、企業文化に合わせて使い分けてください。いずれの場合も「**結論と理由をワンセット**」にしていることがポイントです。

2種類のうち、①「結論⬇理由」のパターンを採用している企業が圧倒的に多く、スライドも「結論⬇理由」という形で上下に置かれます。

ソフトバンクでは②「理由⬇結論」のパターンが多く、左にグラフ、右にメッセージを置いていました。

# 社内プレゼンの話し方
# 5つのポイント

前提　スライド：シンプル＋ロジカル

- 課題➡原因➡解決策➡効果
- 13文字の法則

**1. 結論 ＋ 理由（根拠）を話す**

- 結論＝キーメッセージ
- 理由（根拠）＝データの説明

NG：長い文章の読み上げ

※フォーマットによって理由→結論、結論→理由のパターンがある

**2. 目線は決裁者7割：スライド3割**

**3. 絶えず決済者の反応を意識**

**4. ポジションはスライドの右側**

**5. 指示棒・ポインターは使わない**

## ①結論⬇理由のスライド構造

左ページ図①の場合、「結論から話せ」と言われているのに、結論の文章が長すぎて、すぐ理解できません。スライドの上部にある四角い囲みの中に「結論」が入っているのですが、この文章が長いとわかりにくくなります。

聞いている人は結論を探してグラフを見るわけですが、複雑なグラフやデータがたくさん載っていたりすると、何が言いたいのかわからない。「結局、何が言いたいの？」ということになりかねません。

そこでまず、シンプルに結論が示されている部分を13文字以内で表記して、根拠や理由がすぐに理解できるようにワンセットで見せるようにします。

つまり、決裁者の頭の中を「結論はこうだ、理由はこうです」というように、きちんと整理して伝える方法が①です。

## ②理由⬇結論のスライド構造

②の「理由⬇結論」は一見して右脳と左脳を一度に刺激する見せ方です。左側から入ってくる図を右脳で、右側から入ってくる文字情報を左脳でジャッジできるので、

# 社内プレゼンの話し方

## ①結論 ➡ 理由（根拠）パターン

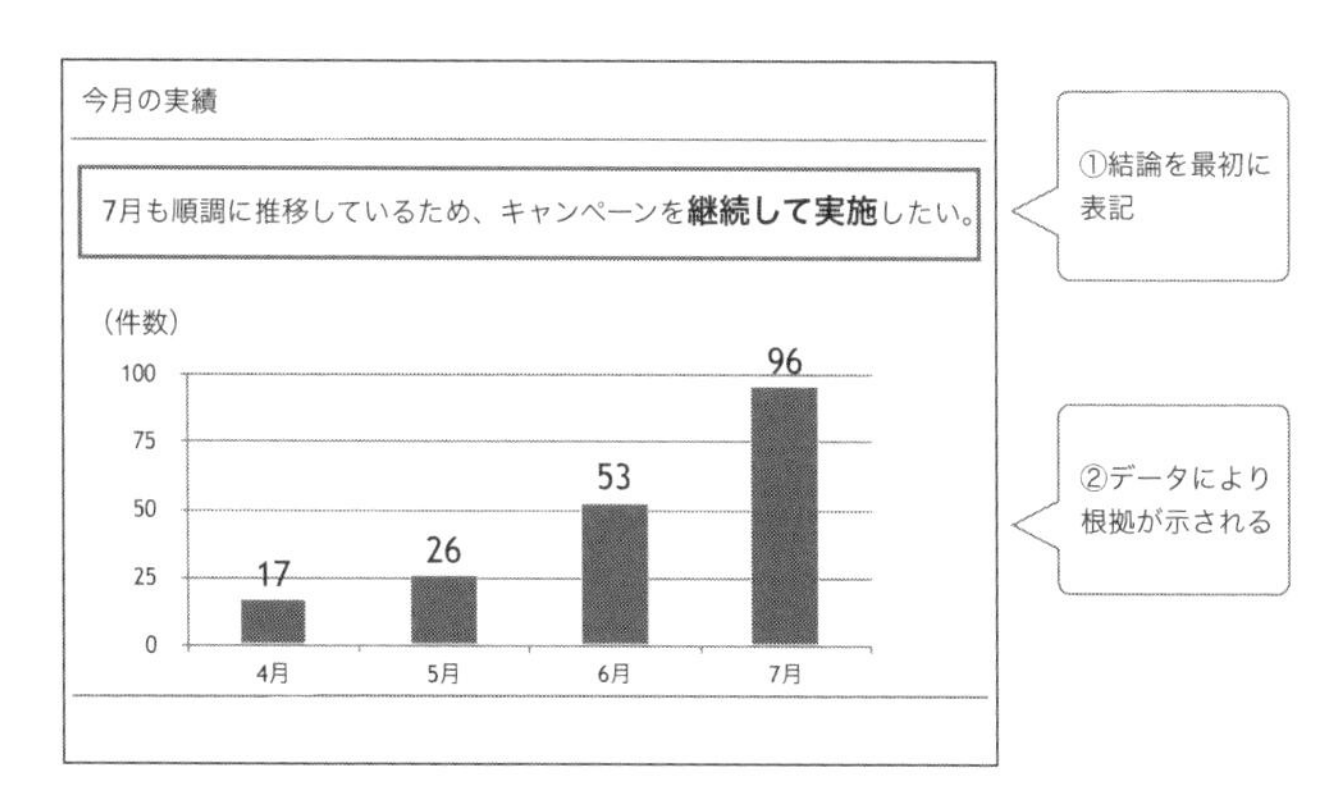


## ②理由（根拠）➡ 結論パターン

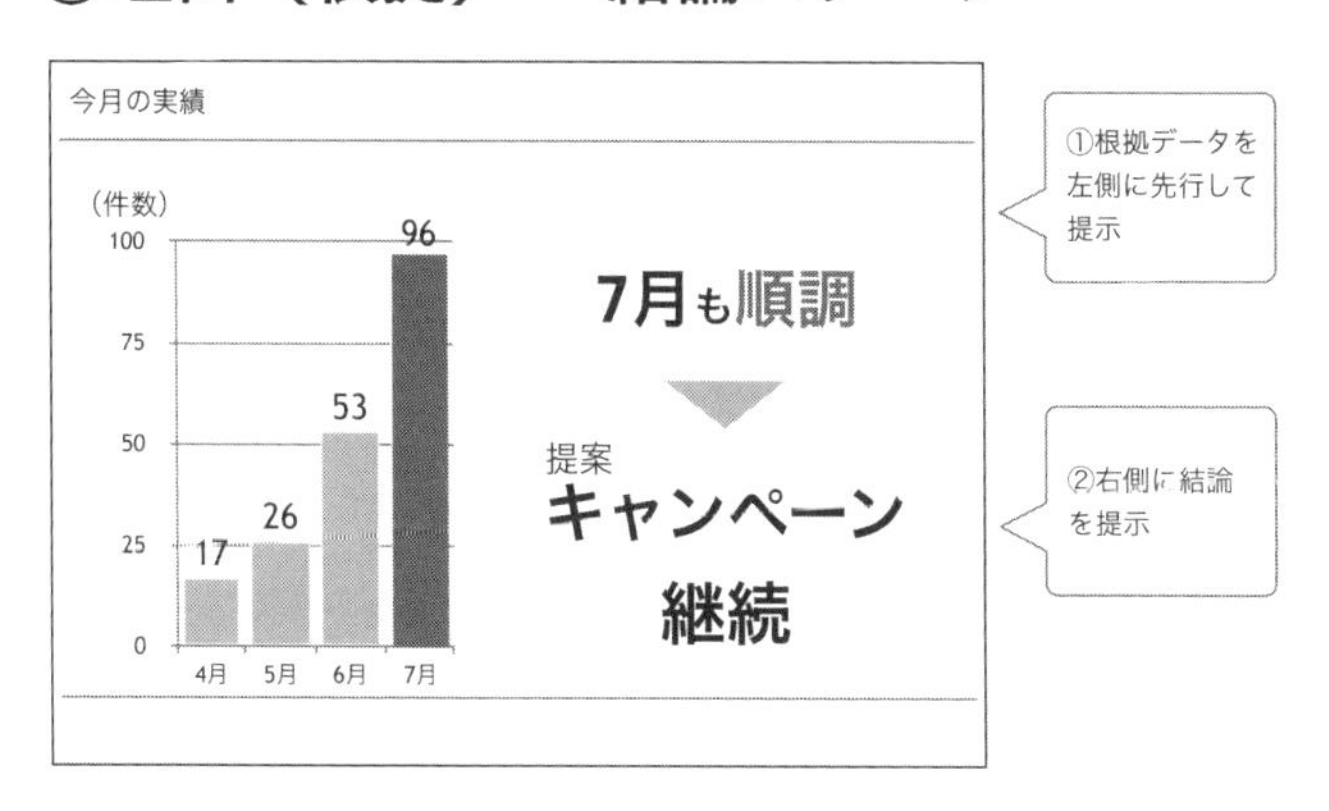

## 右脳と左脳

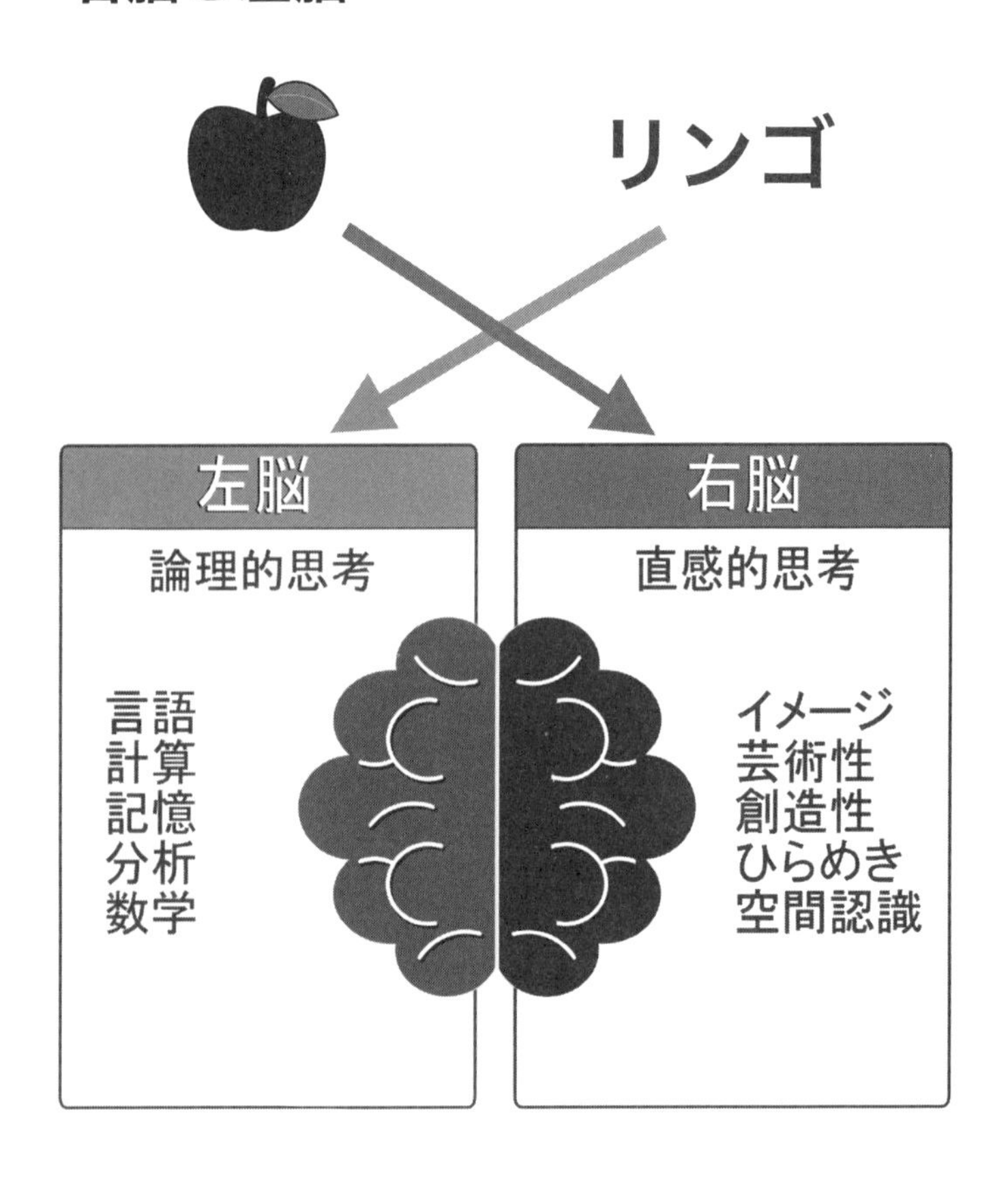

スライドに示される情報が瞬時に頭の中で理解できるような配置にしています。

## スライドを見る目の動き

次ページ図のように、先ほどの①「結論⬇理由」では、目線の動きが上から下なのに対して、②では理由があって結論が見えてくるので、グラフの内容がシンプルに収まっていれば、右側に置いた結論を、あたかも予告編のように意識しながら左側の理由を見せられます。

①と②を比べると、②のほうが結論部の文字サイズも大きく、メッセージを大きく見せられるので、より視認性も担保でき、理解させやすいという効果もあります。

②のパターンでグラフを左に持ってきて、結論である文字を右に配置する理由は、文字情報は言語野で処理する左脳を使うため、右に置くほうが合理的だからです。図は図形情報なので右脳で処理するため左側に置きます。これが逆になると強い違和感が生じます。

①では結論を読んでから理由が書いてあるところを探して、また結論に戻っていくという目線の上下往復を何回かくり返して、決裁者は確認することになります。

# 目線の動き

## ①結論 ➡ 理由（根拠）パターン

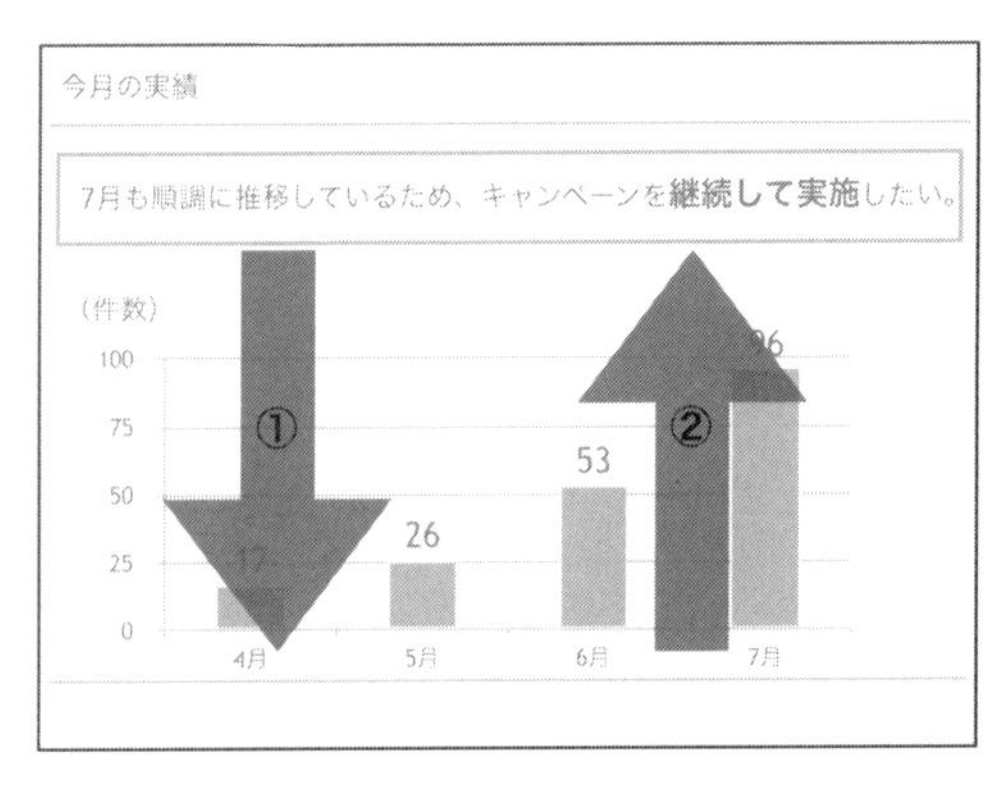


①上から下へ

②下から上へ

## ②理由（根拠）➡ 結論パターン

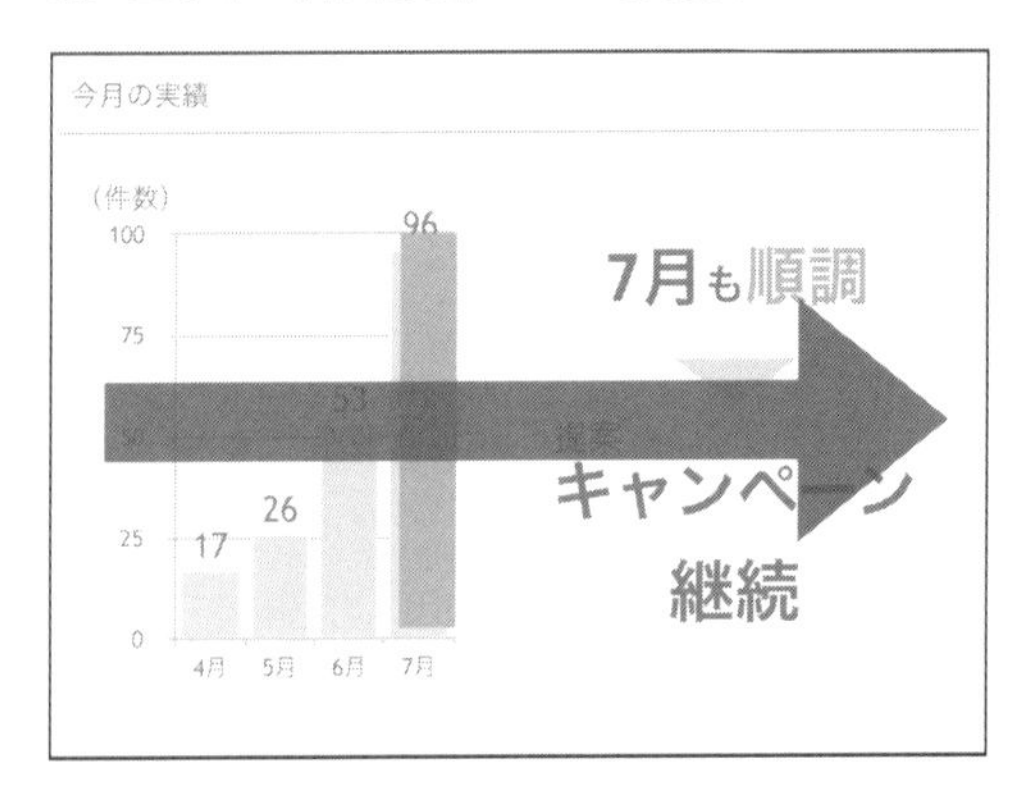


左から右へ

これに対して②の場合、目線は左から右に流れますが、一見して全体的に頭の中で理解できるため、脳内処理スピードが速くなります。

いずれのパターンであっても、ポイントは、「**結論をいかに印象的に短くできるか**」「**根拠を端的にシンプルに見せるか**」です。3分で話すプレゼンでは、これをしっかり意識しましょう。

### 目立たせたい部分の表示法

スライドの可読性を高めるため、**目立たせたい部分は文字を少し大き目にしたり、太くして強調**します。（↓次ページ図）

避けたいのは下線を引くこと。**下線は余白がなくなり文字が見づらくなる**からです。四角で囲んである結論の一部に下線を引くと、なおさら見にくくなります。

**斜体**（**斜め字**）**も可読性が下がるため避けます**。**強調したい時は文字を太くするか、大きくするか、色を変える**。この3つを使います。

## 一発理解スライド オススメ表記

①数字のフォントサイズを大きく＋太くする(枠線なし)
→圧迫感がなくオススメ◎

○月度売上**3,800**万円（対前年**120**%up)

②数字のフォントサイズを大きく＋太くする(枠線あり)
→企業文化で枠線を使用する場合は枠内の余白を意識する

| ○月度売上**3,800**万円（対前年**120**%up) |
|---|

## NG表記

①同じフォントサイズで変化がない

| **○月度売上→3,800万円（対前年120%up)** |
|---|

②下線を引く（余白不足で見づらい）

| **○月度売上→3,800万円（対前年120%up)** |
|---|

③斜体にする

| ○月度売上→*3,800*万円（対前年*120*%up) |
|---|

## 2. 目線は「決裁者7：スライド3」

「決裁者7：スライド3」というのは、プレゼンターが視線を送る時間の割合です。

つまり、「7割ぐらいは決裁者を見て話しましょう」ということです。

スライドは確認のため3割程度は見るのですが、基本的には口説く必要がある決裁者をしっかり見て話します。まちがってもお尻を向けながら話をしないことです。

例えば「このスライドでは○○について、□□ということを示しています。ここで、△△という点に気をつける必要があります。それは、☆☆という可能性があるからです」という事柄を、決裁者を見ながら話す時、決裁者はスライドを見ながら話を聞くのと同時にプレゼンターもチラッと見ることがあります。この時、プレゼンターはずっと画面を見ながら話すのではなく、決裁者に目線を合わせて話すと、「真剣さ」や「熱意」が伝わるのです。

決裁を得る会議では、出席者全体に目線を送るのではなく、決裁者を見ましょう。

多くの人に対して演説する時はまんべんなく聴衆を見るのですが、**決裁を取る時は決裁者を口説く**のが大事なポイントです。

例えば、「3月の時点でここまで上がってます」と言う場合、ずっとスライドを見ながら話すのではなく、決裁者の「うん、上がっているね」という反応を見て、しっかり確認することが意思疎通につながります。

## 3. 絶えず決裁者の反応を意識

決裁者を見ながら話すと、**相手の様子や反応が情報として入ってきます。その反応はとても大事**で、反応がなければ興味を示していないため、決裁に至らないことが多くなります。

自分が提案した内容に「好意的に受け止めているな」「前に乗り出してきたな」とか、「首をかしげている」「リアクションが薄いな」というように、言葉ではないノンバーバルな方法で意思表示をすることがあります。それを見逃さないようにしましょう。

### 否定的な反応の場合

相手の反応が否定的だったり、懐疑的な素振りが見えた瞬間、自信を喪失する人も多いと思いますが、そのような場合でも打ち手はあります。

**自分の提案を「あまり好意的に思われていない」という反応をキャッチした時は、なるべく短くプレゼンを切り上げる**ようにします。

決裁者にとって、興味のない話をダラダラ聞かされるほど苦痛なことはないので、**反応が「薄い」「否定的」「懐疑的」な場合は質疑応答の時間を長く取る**ようにします。

質疑応答では、補足しながら少しずつ逆転していくことや、相手が求める内容とのギャップを埋めていくように進めます。

決裁者が否定的な反応を示す理由には、「興味がない」「話が長すぎる」「内容がよくない」など、さまざまな理由があるでしょう。ところが、スライドばかり見ながら話していると、こうした反応がわかりません。

また、「今、ここが大事なポイントなのでしっかり聞いて判断してください」という意味合いで決裁者を見ても、その時に相手がこちらを見ていなかった場合は、「待つ」か「話し方を強調」するなどで、しっかり相手にインプットすることでシンクロ（同調）率を高めます。対面では相手の反応をキャッチしやすいのですが、オンラインになると、なかなかわかりづらくなってくるので、相手のあらゆるリアクションを、よく観察することが大事です。

## 4. ポジションはスライドの右側

プレゼンをする時には、左図のようにスライドに向かって右側に立ちます。これは②の「理由⬇結論」のスライドを使う場合ですが、向かって左側に立つと自分が邪魔になるので、「向かって右側」をポジションとしてキープします。

## 5. 指示棒・ポインターは使わない

指示棒やレーザーポインターは使わないのが基本です。

そもそも、そういった道具を使わなければならなくなるのは、スライドが込み入っていて、説明部分をポイントしないと、どこを説明しているかわからないからです。書いてあることを整理して極力少なくすれば、指示棒やポインターも不要で、目線も決まります。

# 社内プレゼンの話し方
# 立ち位置はスライドの右側

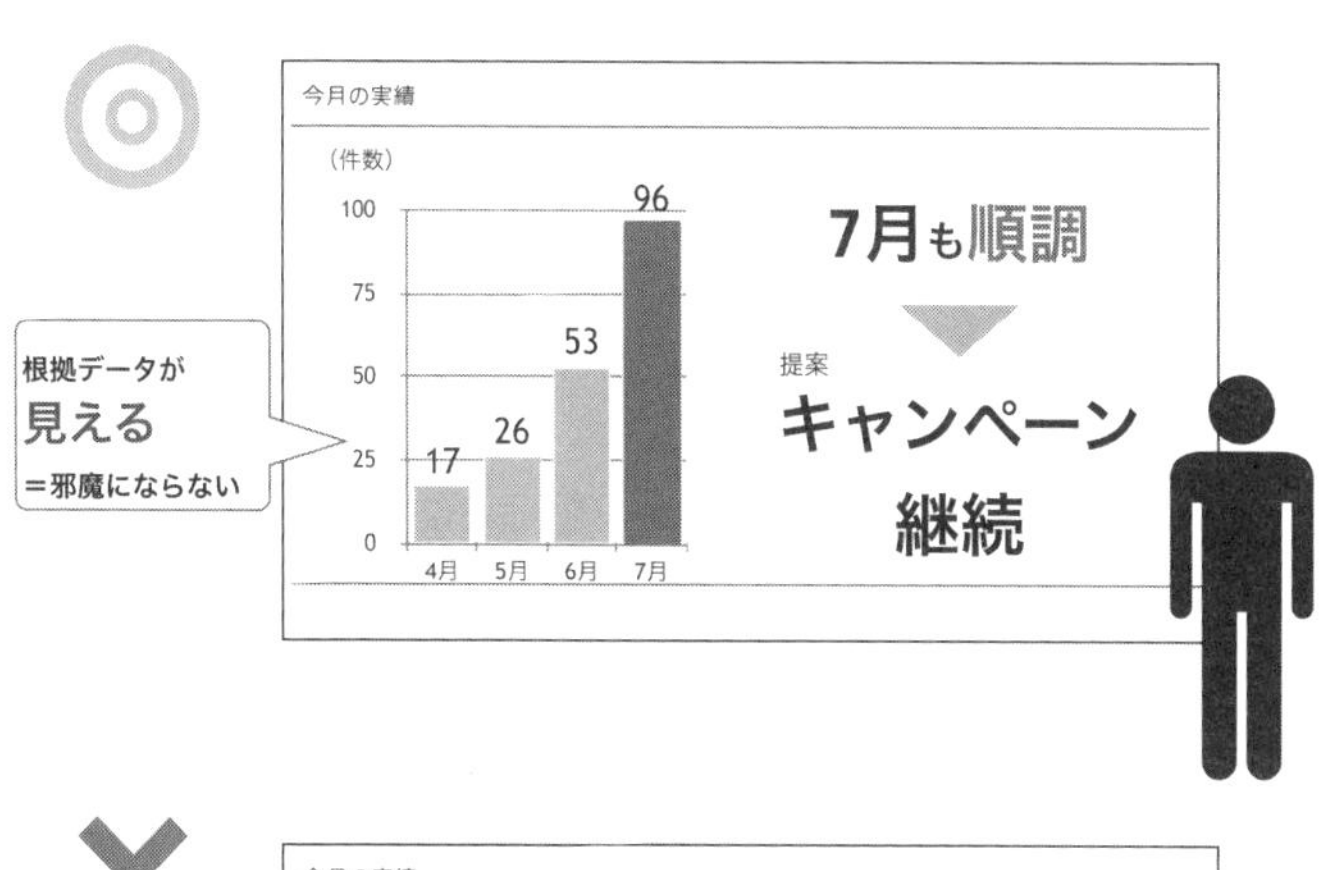


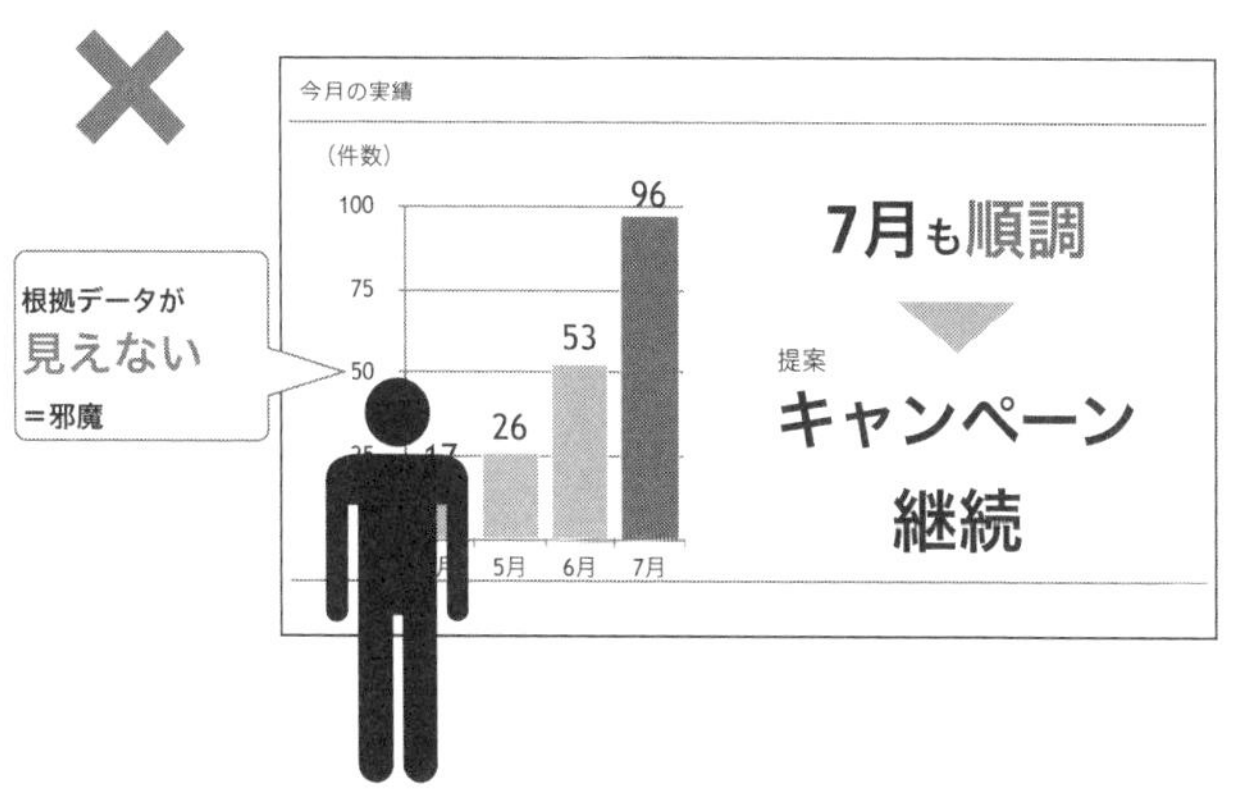

## まとめ

- 「結論＋理由（根拠）」をワンセットで話す
- 目線は決裁者7：スライド3
- 絶えず決裁者の反応を意識（反応に合わせた時間配分）
- 立ち位置はスライドの右側（目線を確保する）
- 指示棒は使わない（文字やグラフが多すぎるスライドはＮＧ）

# 5 オンライン社内プレゼンの話し方

## 通常／オンラインの比較

### 声のトーン

最近では、多い会社だと9割方がリモートワークになっています。そんな中でプレゼンをする場合、対面での話し方に加えて気を付けるべき点があります。

リモートの場合はマイクを通すので、声の大きさを2割増し程度、声の高さもボソボソとした低い声ではなく、トーンを少し高くしたほうが聞こえやすくなります。

話す速度は、「自分が話している言葉が、自分の耳で聞き取れるぐらいの速さ」が

## 社内プレゼンの話し方

| | 通常 | オンライン |
| --- | --- | --- |
| 声の大きさ<br>声のトーン | | 2割増し |
| 立ち位置 | スライド右側 | バストアップ<br>注意：<br>近づきすぎて顔をアップにしない |
| 目線 | 決裁者7割<br>スライド3割 | カメラ目線7割<br>スライド3割<br>注意：<br>PCカメラの高さを目線の高さに |
| 身振り | | 2割増し<br>（画面内での手の表現） |
| チェックポイント | 決裁者の反応 | 決裁者の反応<br>客観視<br>（自分がどう映っているか） |

基準になります。

動画を撮影して自分の話す速度をチェックする際に気を付けるべき点は、練習だと緊張しないのであまり速くならず、本番で早口になりがちということです。

**身振り**

身振りでは「手」の動きが大事な要素です。手の動きをチェックして印象的な効果を与える動かし方や、ムダな動きがないかをチェックします。

## オンラインではカメラ目線で

オンラインでは対面の場合と違い、カメラを見て話せば直接、相手とアイコンタクトできます。目線はカメラを見るように意識しましょう。

画面に投影される資料やサムネイル的に横のほうに表示される参加者の顔を見て話すと、目線が合わなくなるので注意が必要です。話す時はカメラを見ることに気を配ります。

## カメラの位置も大事

ノートパソコンを使っている場合、カメラの位置も大切です。ノートパソコンを机に置いた状態でカメラを見ると、下から煽（あお）られるアングルになるため、顔が怖く見えてしまいます。したがって、ノートパソコンを使う場合は、下に台を置いたりアジャスターを使ってカメラの位置を目の高さに上げます。

目線という観点では、オンライン会議こそ目線とカメラアングルに注意しましょう。オンラインで商談や会議などのコミュニケーションを取る場合、下からのアングルでも気にしない人は、相手から「あんまりやる気がないんだな」「意識が高くないんだな」と思われていることを認識しておいたほうがいいでしょう。

逆に言うと、そういった点にこだわりのない人は、ビジネスパーソンとしても、「結果にコミットしない人」というイメージを相手に与えかねません。

特に、カメラオフで商談に入る人に対しては、何となく「信用できないな」という印象を持つのではないでしょうか。オンラインでは特に「相手に対して、自分をどうブランディングするか」ということも意識しましょう。

## オンライン社内プレゼンの話し方

# 目線に注意!!

- 目線下向き
- 表情が怖く見える

- カメラの高さを
  **目線と同じ高さへ**
- 表情がイキイキと
  映る

## 社内プレゼンでよくあるトラブルと対処法

### プレゼンを途中で止められる

これはよくある現象ですが、スライドに原因があるケースがほとんどです。

例えば、1枚のスライドが複雑で情報量が多すぎる場合、「それはいいからさ。結論は何なの?」と言われるパターン。もう1つは、グラフなどをたくさんはめ込みすぎて、「いや、そのグラフの説明はいいので、こっちのグラフの説明をしてほしいんだけど」と言われて止められてしまうパターンです。1枚のスライドは極力シンプルに、情報を絞り込んだ形で伝えないと止められやすいのです。

これを防ぐには、最初に「プレゼンが終わるまで止めないでください」と宣言するのではなく、**「冒頭3分ぐらいで概要をまず説明します。その後、ご不明な点に答えます」**。よろしいでしょうか」と言ってからスタートすると、「じゃあ、最初の3分ぐらいだけは黙って聞こうか」となります。

会社のルールとして「プレゼン時間は15分以内、最初に3分話して、質疑応答の時間は10分、クロージングは2分」と決められていれば、特に何も言う必要はないでしょう。ただ、ルール化されていなくても、自分のプレゼンスタイルが習慣化すれば、「この人は冒頭3分ぐらいでまとめて話してくれる」として、3分間は止めずに聞くことが当たり前になります。意思決定に絶えず迫られる上位職にダラダラ話すことは一番嫌われてしまいます。

## 緊張して声が出ない

プレゼンをする前にうがいをするだけで声が出やすくなります。発生練習ができればいいのでしょうが、会社の中では大きな声での発生練習はしづらいでしょう。本番前にトイレでうがいをするのが一番実行しやすい方法です。

緊張をなくすには「場数(ばかず)」を踏むことが最善の方法です。場数といっても、会社の中で自分と同じぐらいの年齢や役職の人前で話す経験だと「コンフォートゾーン(心理的に安心できる状況)」を出ていないので、日常と変わりないため、緊張感の克服には直結しません。緊張感を経験して克服するなら、「非日常的な場面で話す場数を増やす」経験を積むようにします。知らない人の前で話すと緊張する人は、そういう「場」を意識して自分で作って、慣れていくのが一番効果的です。

例えば、無料セミナーでグループワークをする時などは、全く知らない人と話すことになります。あるいは、お勧め本の内容について紹介するコミュニティの会合に出かけて行って、多くの人の前で話す訓練をしてみるのもいいでしょう。このような、場数を経験する機会をぜひ作ってみてください。

待っていてもこの手の機会は経験できませんし、何もしないで緊張しなくなることはありません。「緊張するのは嫌だ」「プレゼンが上手になりたい」「人前で話せるようになりたい」という人は、ぜひ場数を踏む機会を自分から取りに行く姿勢を持ちましょう。

それでも人前に出て話すことに抵抗がある方は、考え方を少し変えてみて下さい。具体的には「限られた時間だけプレゼンターを演じる」という考え方です。プレゼンなら「15分間だけは**堂々としている自分を演じる**」と割り切ってしまうのです。演じるとは「舞台に立つ」ということであり、人前で話すというのは、日常とは違う非日常ですから、舞台に立った以上、その場にふさわしい自分を演じなければならないわけです。

これに比べると、オンラインではそれほど緊張する必要がありません。

そもそも話している場所が自分のデスクや自宅ですし、緊張を強いられる舞台や、アウェイな現場に行くわけではなく、ホームゲームをしているような感覚ですから、それほど緊張しなくても済むはずです。

仮にたくさんの人が参加していても、オンラインだと、実際、目の前にその人たちがいるわけではありませんし、全員がプレゼンターを見ているわけでもなく、資料を見ていたりするので、緊張感は対面の場合とは全く異なります。

## 機材トラブル

スライドそのものの不備や機材トラブルでスライドが投影されない状況は割合よく見られます。スライドが映らない場合、本来はバックアップで別のPCを用意するとか、順番を変えて別の人に先にやってもらって、後回しにしてもらうなどの方法を取ります。逆に他の人がトラブルに見舞われて、自分が早くプレゼンをすることになるケースもあります。

このようなトラブルを想定して、本番環境で事前に準備やチェックをしておくことはもちろん、バックアップを使う時の対応を確認しておきます。

リモートの場合は回線トラブル以外そういったことが起きにくいので、スライドを出席者に共有したり、メールで送ってページ番号を言いながら話したり、いったんシステムを止めて、再度、時間設定するなど、あらかじめ起こりそうなトラブルを想定しておき、バックアップ策を実行すればいいでしょう。

**まとめ**

- オンラインプレゼンでは「2割増しの声の大きさとトーン」「目線の意識」に注意する
- プレゼンを途中で止められないようにするには、スライドアプローチとプレゼンルールの策定が必要
- 緊張しなくなるように、アウェイの場数を増やす

# 第3章

# 「質疑応答の話し方」を磨く

# 質疑応答の基本

## 質疑応答の入り方

いよいよプレゼンが終わって質疑応答に入るわけですが、**第一声は「何もしゃべらない」**というのが一番大事です。**「…以上です」と言って、後は決裁者が何を言うかを待ちます。**

ここで「何かありますか？」とか「どなたの質問から伺いましょうか」と言うのは、聴衆との対話によって理解を深める「演説のプレゼンテーション」です。

社内プレゼンの場合、何か質問が出れば答えますが、何もなければ「特にご意見がないようですので、こちらで進めさせて戴きます」と言ってクロージングします。

決裁者は毎日たくさんの意思決定をする必要があります。重要な案件なら時間を割いてディスカッションしたり不明点を解消することも大事ですが、「この案件に時間をかけるべきか、今日ある議題の中では、こちらを優先しよう」という判断があってしかるべきで、「それでいいから進めて」「これで問題ない」と決裁者が意思決定すればOKなのです。

## ファシリテーションはしない

社内プレゼンにおいて、質疑応答で最も避けるべきことは「何か質問はありませんか？」とファシリテーターになることです。意思決定に必要な質問は必ずされますから、**自らファシリテーターになる必要はありません**。

時には決裁者に対して議題とは無関係な自己アピールをする参加者もいます。その場合は「それは後ほど個別に説明させていただきます。よろしいでしょうか」と言って、決裁者の判断に委ねます。そこで決裁者が同意すれば個別に対応します。

そして必ず、後から発言者のフォローに行って、「先ほどはどうもありがとうございました。あの場でみなさんと一緒にディスカッションできればよかったのですが、時間がなくて…」「新たな観点だったので、もう少し深掘りしたいので教えていただいてもよろしいですか」と言うと、その人も無碍（むげ）にされた気分にはなりません。

## 質疑応答のシミュレーション

次ページの図でベストな例は、何も質問が出てこない①のパターンです。プレゼンが終わり、沈黙が生まれたところでしっかり相手に考えてもらう時間を取ってから、「特段、ご質問がないようであればよろしいでしょうか」という一言を切り出すと、「これでいいんじゃないか」でクロージングできる「質疑応答がないパターン」です。

ここでスムーズにクロージングできる要因は、そもそも質疑するほどの事案ではないか、「いいプレゼンだった。よくわかったよ。これですぐに進めてくれ」という、聞きたいことがすべて要点を押さえてシンプルにまとまって伝えられているかの2つの場合です。

パターン②は「この場合はどうなるの?」「その場合は○○です」というやりとりの中で、きちんと理由や根拠を示すことによって、決裁者の聞きたかったことがしっ

## 社内プレゼン質疑応答シミュレーション

パターン①：Best

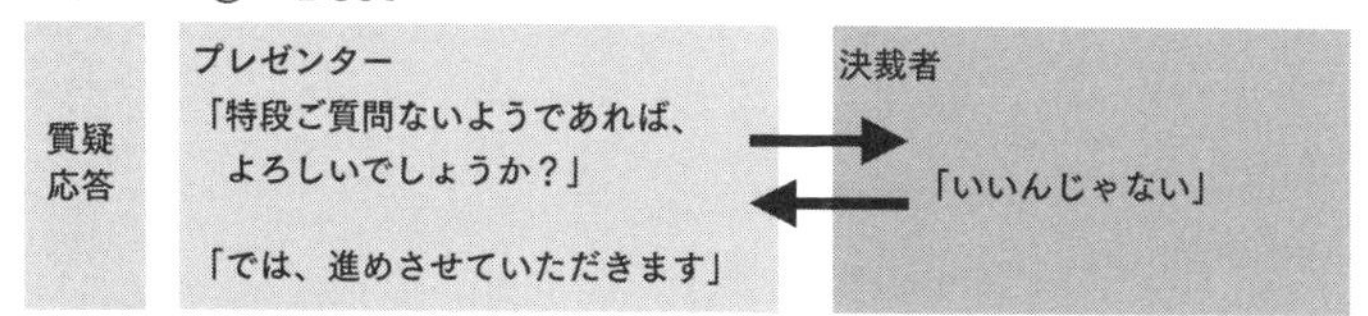


パターン②：OK

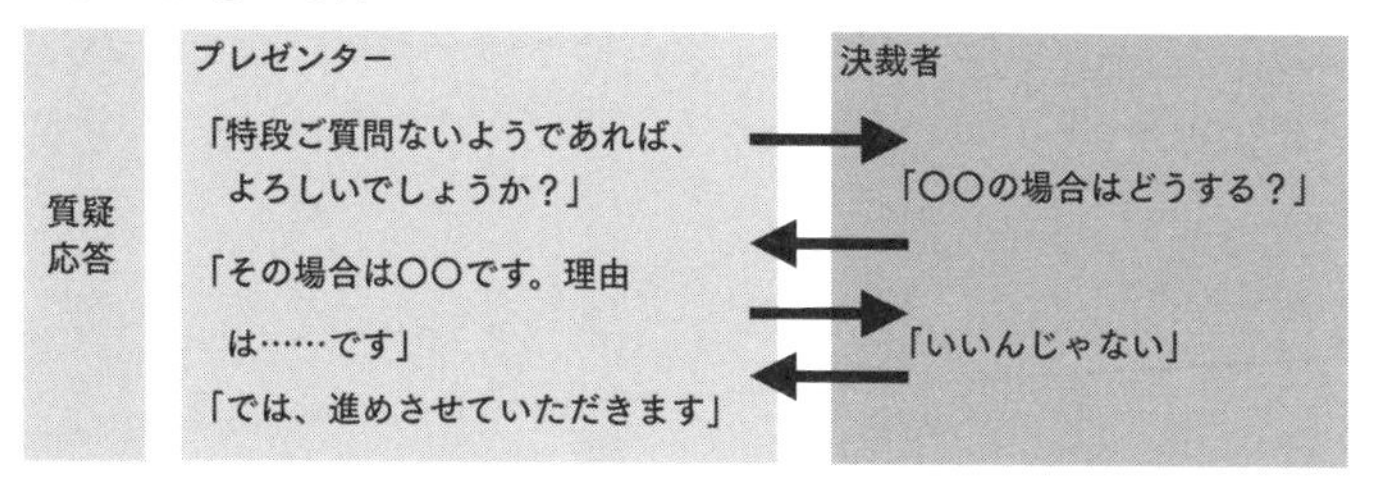


パターン③：NG

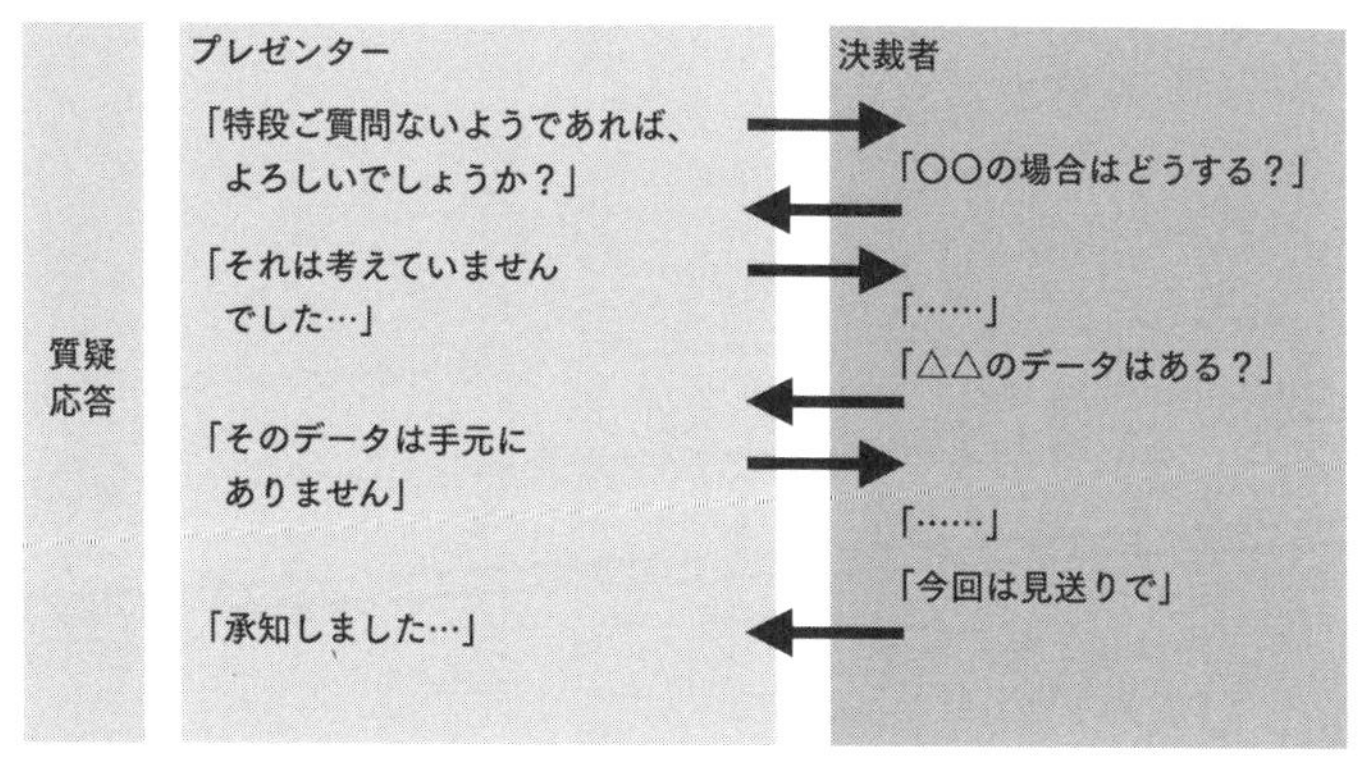

かり納得できたというＯＫのケースです。

パターン③のＮＧ例は、聞かれたことに対して、「それは考えてませんでした」「そのデータは手元にありません」などのように、聞かれたことに対してすべて「ＮＯ」の回答をしてしまうケースです。この場合、信頼や納得が勝ち取れないので、「準備不足だね」ということになります。

ただ、こういう状況になってしまう傾向として、**単なる準備不足だけではなく、プレゼンの本編に内容を詰め込みすぎてしまうことが原因の１つ**に考えられます。

つまり、あまりにも多くの素材を提供してしまったため、質疑応答で聞かれる内容が詳細になりすぎ、もともと決裁をもらいたかった本質、本筋とは違う部分を突かれるというケースです。

これを防ぐには、決裁に必要な要件、根拠を過不足なく、かつ適切に整理して伝え、あらかじめ聞かれるであろう内容を想定して、答えをＡｐｐｅｎｄｉｘに準備し、納得してもらう必要があるのです。

## OKとNGを分ける3つの要因

### ●要因1
### スライド内容が過多

前項の②と③の違いとして、そもそも提案内容が妥当であることは大前提ですが、先にもふれたように、「**プレゼンのスライド内容が多すぎるか、適切な量か**」という要因も大きいのです。

調べたことの何もかもすべてをプレゼン本編やスライドに詰め込んでしまうと「ここはどうなんだ」「そこはどうなんだ」と細かい点を確認されがちになります。

これに対して、プレゼン本編・スライドのデータや文言が適度な量だと「これを聞きたい」という突っ込みどころが残されるので、想定内の質問が飛んでくる。つまり、スライドがうまく質問を誘導する仕掛けになっているわけです。それには、あえてスライドにすべてを詰め込まず「『これはどうなの？』と聞かれるだろうな」ということを想定して、予め、7割程度のボリュームに抑えたスライドにします。

例えば、スケジュールを審議する場合、前提として重要主題であるスケジュール案を入れないと話にならないのですが、この時、担当レベルが認識していればいいような細かいスケジュールをスライドに入れる必要はないのです。

**意思決定させるスライドの場合は、A案・B案の両案併記にして、推奨案を明確に示します。**案が1つだけだと、その場で他の候補日のディスカッションになりますが、選択肢が示され、かつ推奨案とその理由が明確であれば決裁率は上がります。

そして、ある程度聞かれそうなものを想定して準備しておき、聞かれたらその都度、準備しておいた情報を伝えることで納得を勝ち取るのです。

ただし、企業文化や上司のタイプで準備するボリュームはかなり変わってくるので、その加減は、みなさんそれぞれの現場でつかんでください。

### ●要因2 数字の信頼不足

質疑応答の中で、「そのデータは持っていません」「その点は考えてませんでした」のように、事前準備が不十分なケースが多々あります。

これらは可能な限り、**事前に決裁者が知りたいと思う事実やデータ、ニーズを把握**

しておかなければなりません。**「足りない部分は何か」「何があればいいのか」「どこをもっと深めればいいのか」ということをしっかりつかむ**必要があるのです。

また、データを示しても正確でなければ決裁には至りません。1つでも誤った数字があればすべて疑わしく思えてきます。**単純な数字のまちがえなどが起こらないように、チェック体制を整え、トリプルチェックで発生を防止**します。

プレゼンが差し戻しになった場合、最も重要なことは、最後に必ず「決裁者に確認を取る」というアクションです。例えば、

「わかりました。では今回はいったん保留として、**次回までにユーザーニーズのデータをお持ちする**ということでよろしいですか」

「今日はありがとうございました。では今回はいったんペンディングですが、**方向性はA案で行く**ことでよろしいですね」

というように、しっかり決裁者に確認を取ってからプレゼンを終えないと、次回に向けたアクションが確定できません。

大切なことは、**決裁者に次回までのアクションや決議事項を認識させること**です。

これによって、次回の決裁率が一気に高まります。

### ●要因3

### ネゴ不足

よくあるNG要因の3つ目が、ネゴシエーション（事前交渉）が足りないことです。

例えば、他部署の協力が得られなかった場合、対策としてはネゴシエーションの頻度を上げるか、そもそもネゴシエーションする相手を変える必要があります。ベストな方法は、**その部署のトップや右腕、キーマン、担当者に直談判する**ことです。

その部署の担当者に「部長や課長にも言っておいて下さい」と伝えても話が上層部に通っていないことはよくあります。

ただ、自分はまだ担当者で他部署の部課長に直接折衝するのが難しい場合は、上司を巻き込んで話をしてもらうなどの方法を取ります。

これまで、1000社以上の企業を通して見えてきた、決裁率の高い人の共通点というのは、人知れずダイレクトに交渉に行くための努力、例えば、日常から絶えずメールやチャット、ちょっとした雑談など、多数の接点を積み重ねることでした。

このような人間関係を構築できる**「ネゴシエーションスキル」が高い人は、社内決裁率も高い**のです。

## 質疑応答は簡潔・的確に答える

### 応答の基本は「結論⬇理由」

質疑応答の話し方は、簡潔に結論を答えて、理由や根拠を伝えるのが基本です。

「質疑応答が苦手」「用意していないことを聞かれると頭が真っ白になってしまう」という人は、普段から「結論⬇理由」の順で話すように心がけてみるといいでしょう。

「それはどういうことなの？」と聞かれたら「それは○○です。なぜなら□□だからです」という答え方は、ビジネスコミニュケーションの基本です。

### 質問を理解してから答える

相手から質問されたら、まず**質問の「意図」をしっかり理解する**ことです。

## 質疑応答 基本形

# 結論→理由

前提

質問の意図を理解する
※わからなかったら確認する

①結論「○○です」
・短く
・言い切る「～です」
（NG：～だと思います）

②理由「□□だからです」
・データ（実数、比率）

わからない場合は、「それはこういうことですか」「こういう認識で合ってますか」と必ず聞き返します。

「**わからないことを、わからないまま適当に答えない**」というのが基本です。

質問の意図がしっかり理解できれば「**結論⬇理由、根拠**」**をワンセット**にして話し、理由や根拠は可能な限りデータを示します。

## 決裁者が納得すればOK

決裁者の疑問が解消できれば決裁されるのが基本です。したがって決裁者のみならず、合議者からの質問は、原則、決裁者を見て返すようにします。

ただし、合議者の合意を得る必要がある場合は、合議者からの質問には合議者全体に返して合意を勝ち取らなければなりません。

最終意思決定をする人が社長一人なら、社長が納得することが最も重要で、会議の出席者全体からの納得を勝ち取ることは必須ではありません。**決裁者が明確なら、その人を口説くことに注力するのが勝ち筋**になります。

# 質疑応答シミュレーション

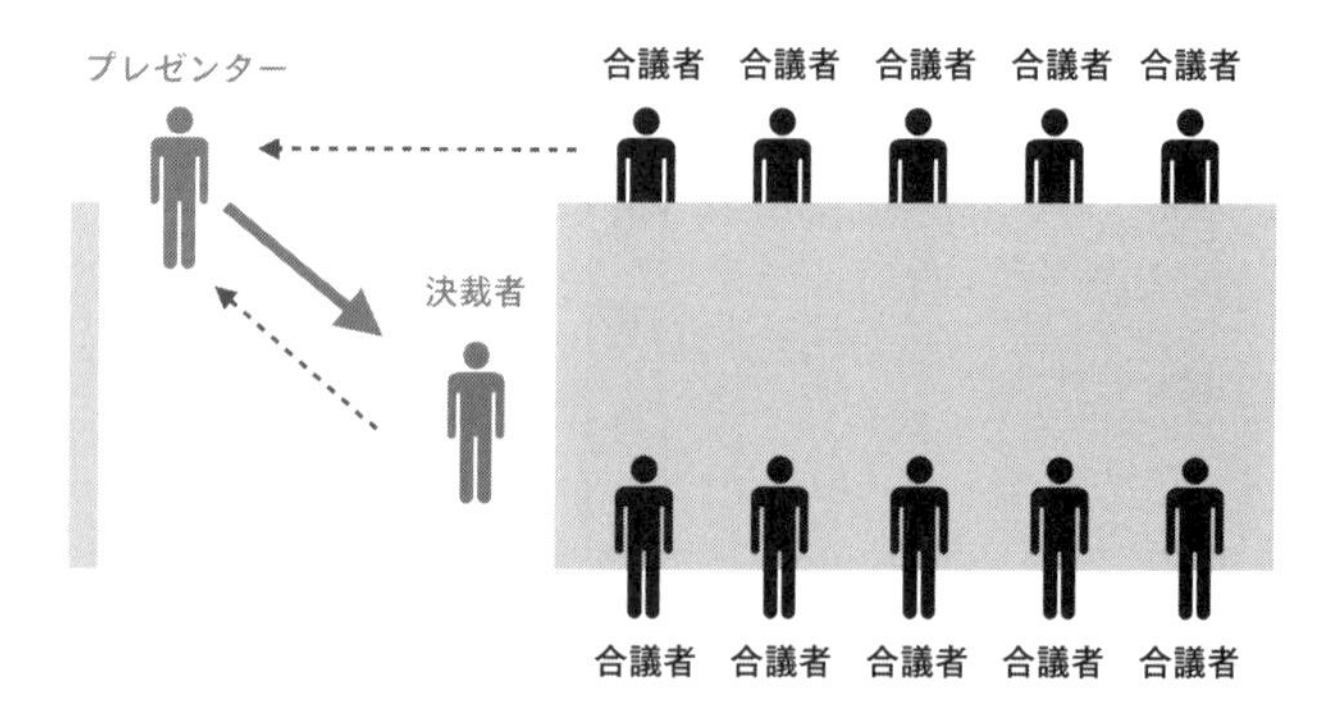


Point

・質問に対して回答する対象は決裁者

・合議者からの質問も原則決裁者へ

→合議者からの質問が本質的でなければ、
「後ほど個別で」

留意点

・ファシリテーションは行わない

・沈黙は考えている時間

→不用意に話さない

→話す時は「それでは、合意でよろしいでしょうか？」

## シンクロ率を上げる

「シンクロ（同調）率を上げる」というのは、例えば、好きな人とお付き合いしたいと思ったら、その人を知る努力をするように、決裁者の意思決定を勝ち取るために、「決裁者は何を考えているのか」「どうしたらＹＥＳと言うのか」ということを普段から情報収集することで実現します。

そのために「自分が決裁者であれば、どう考えるか」「決裁者の立場であれば何を求めるか」というように、**絶えず決裁者の視座を意識して、日常のコミュニケーションを通してシンクロ率を高めましょう。**

まとめ

- 質疑応答の基本は「結論➡理由」
- NGになる3つの要因「詰め込み（文字だらけ）スライド」「数字不信」「ネゴ不足」を解消しよう
- シンクロ率を高めるのは、視座を意識した日常のコミュニケーション

# 質疑応答の準備

## 「質疑応答」を準備・練習する

一般的に「プレゼンの準備・練習」という時、スライドや資料を作り、実際に投影してプレゼンする「リハーサル練習」を思い浮かべます。

しかし、**「質疑応答」は非常に重要なのにもかかわらず、ほとんどの人が練習をしません**。その結果、本番で頭が真っ白になってしまう人も多いようです。

機材の動作環境を含めたプレゼンのリハーサルも大事なのですが、併せて**質疑応答の練習に取り組むことが、決裁率を高める必須アクション**なのです。

次ページ図のように、できれば6回、セルフ録画チェック2回＋第三者チェック

# プレゼン6回練習

| プレゼン<br>3回 | ・セルフプレゼン：1回<br>・セルフプレゼン録画：2回<br><br>・セルフチェックで話し方をチェック<br>・時間内かどうかをチェック<br>・決裁者の立場に立ってチェック |
| --- | --- |

＋

| 質疑応答<br>2~3回 | ・第三者とのQ&A：2～3回<br>×コメントバックはダメ出しが多い<br>→プレゼンネガティブへ<br><br>○質問をしてもらう<br>→自分で回答を考える<br>→Appendixを強化できる<br>→FAQのベースができる<br><br>○別の人に見てもらう<br>→絶えずQ&Aに協力してくれる人を確保する |
| --- | --- |

1回の最低3回でもいいと思います。この練習方法には2段階あります。

①セルフチェック（プレゼンを録画してチェック）

②第三者チェック（Q＆Aでチェック）

①②の2種類を3回ぐらいずつ繰り返します。ただし、②は1人ではできないので、誰かの協力を仰ぎます。

例えば、チームにとって重要なプレゼンの場合、チームメンバー同士でロジックが破綻していないか、抜け漏れがないか、どういう点が深掘りして聞かれそうかなどを徹底的に厳しくチェックをする癖をつけておくと、本番はすごく楽でしょう。

さらに、上司やリーダーとの一対一による「Q＆A会議」も有効です。

「ダメ出しではなく、とにかく質問だけしてください」という形にすれば、心が折れず、自発的な気づきでプレゼンの深掘りができます。プレゼンが苦手な人にとって、ダメ出しをされると相手が嫌になったり、苦手意識を持ってしまうからです。

第三者から質問をされると、「決裁者にとって、何がわからないのか」「どこがわかりづらいのか」があぶり出されます。同時にこの過程で、「根拠となるデータやファクトがない」「ロジックが破綻している」という不備もチェックできます。

## 精度の高い質疑応答の練習

質疑応答の精度を高めるには、情報の不備を少しでも多く潰していくことが求められます。「Q＆A会議」は「わからない」「知らない」「考えていない」という要素を潰していくプロセスなのです。「Q＆A会議」によって質問の傾向やポイントがわかり、本番での「Q＆A」を想定する材料になります。

想定する質問をより実戦的なものにするには、上司に質問役になってもらうのが最適です。上司は自分より視座が高いので別の観点や角度から質問してくれるはずです。

その質問に答えることで頭の中が整理され、「この部分は自分でもまだわからない」「こういうふうに説明しなければいけないな」「こう聞かれたら、こういうふうに回答しよう」ということが明確になっていくのです。

しっかり考え、準備してプレゼンに挑んだ会議の本番で最初に切り出されるのは「質問」が理想です。質問が出るということは、資料がシンプルで、知りたいことがあるという証拠です。その質問に対して落ち着いて客観的事実を根拠として返します。

つまり、**プレゼンは「質問に対してどう答えるか」のウェイトが大きく、質問に対する答え方をしっかり準備することが最善の勝ち筋**なのです。にもかかわらず、質問に対する回答については、ほとんど意識が向けられていないのが実状です。

## 上司のプレゼンを作る場合

社内プレゼンには自分が発表するパターンと、上司が発表するパターンの2種類があります。私が役職に就いていない一般社員の頃、上司が発表するプレゼンを作る仕事を任されました。圧倒的にそのウェイトが大きく、プレッシャーもありましたが、大きく自己成長につながりました。

例えば、自分の上司の課長が部長にプレゼンする場合、質疑応答の練習方法として、自分が課長役でプレゼンをして、課長には部長役で質問をしてもらいます。

こうすると課長から「部長だったらこういうことを聞くけど、こういう時はどう答えるんだ？」という問いに対して、「その場合はこういうふうに答えてください」「その場合はこうしましょう」「その時はこのデータを見せてください」というふうに回答をすり合わせます。つまり、自分より2つ上の役職者の視座（↓123ページ）による質疑応答を想定し、部長の安心を勝ち取るため、「こんなエビデンスがあります」「こんな情報があります」という準備をしっかりしておくのです。これは自分の視座を引き上げる練習になり、自分で意思決定をする「軸」の確立にもつながります。

「Q&A会議」を行うことで、課長からあなたに対する信頼が醸成され、さらに大きな案件を任せてもらえるようになるのです。

**まとめ**

- **プレゼン練習は質疑応答こそ念入りに**
- **上司のプレゼンに関わることは、自分の視座を引き上げるチャンス**

# 8 質疑応答のシミュレーション

## 「聞かれそうな質問」とは

質疑応答の準備において、「聞かれそうな質問」と「聞かれると嫌(いや)な質問」の2種類を用意しておくと、緊張せず受け答えしやすくなります。準備の段階ではそれぞれ10個から20個を目安として準備します。

そもそも**「聞かれそうな質問」というのは「詳細」「説明」「理由」「根拠」「代替案」**の5つです。案件によって変わってきますが、「これはどういうこと?」「この結論の理由は?」と問われたら的確な数字やエビデンスを見せます。これは一般的な対応なので予測しやすいでしょう。

## 社内プレゼン質疑応答の準備

聞かれそうな質問

10~20

聞かれると嫌な質問

10~20

準備をする際、それぞれのスライドをチェックしながら、「このグラフを見せたら、『過去の推移を聞きたい』という質問が出てくるだろうな」という想定をしながらＡｐｐｅｎｄｉｘを準備します。

このように、聞かれるであろう質問を10個〜20個考えていき、さらに、それぞれの質問の本意は何かを考えていきます。

## 「聞かれると嫌な質問」とは

「聞かれると嫌な質問」というのはいくつか種類があります。

- 想定外で、答えに窮する質問
- 漠然としすぎていて、何を答えていいかわからない質問
- 質問ではなく、意見や感想を述べられる
- 質問者の自己アピールのための質問
- 自分の権限ではどうしようもないことに対する質問

などが挙げられます。質問者の意図がわからないまま、不用意に言葉にすると角が立ってしまい、質問者の機嫌を損ねることにもなりかねない場合がありますので注意が必要です。

「聞かれそうな質問」は回答も想定しやすく準備もできますが、答えようのない、準備しにくい質問の場合は、回答に窮することもあります。例えば、

「そもそも、これはやる意味あるの？」

「これもう過去何回もやってきて失敗しているんだよね」

というような質問や意見です。この場合、質問者にもはっきりしたエビデンスがないまま、何となくの経験則や感覚値だけで言い放つ人がいます。

しかし、このような問いかけや意見に対しても、しっかりと理由や根拠を示せる準備ができているかが重要なのです。

具体的に私が直面した例として、部署間の連携に問題があって、計画実行のボトルネックになっているため、予定どおりに物事が進まないというケースがありました。

この時「そもそもやる意味があるの？」という質問をされたのですが、そう聞いてくる本心としてあったのは「自部署の負荷を増やしたくない」「手間だけかかって評価にならないことはやりたくない」「そもそも引き受けたくない」といった、部署や自身のポジションに起因する理由でした。

結果、このプロジェクトはお蔵入りになってしまったのですが、私はこの時の経験から、日常業務で「部署間の連携が上手くいかない理由は何だろう」という問題意識を持って、情報収集を行うようになりました。

そうすると、人員の問題だったり、部署の業務量だったり、置かれている立場だったり、さまざまな事情が明らかになったのです。それらを加味して、提案や質疑応答を準備することで、その後の決裁率を高めていきました。

**提案内容に対する想定質問だけでなく、各部署の現状を踏まえた質疑応答の準備ができれば決裁率は上がる**のです。

聞かれそうなことだけでなく、「聞かれると嫌な質問」を想定する上で、会社の状況や部署の情報も収集しておくことが、質疑応答の本質と言えるかも知れません。

いくらQ&Aをマニュアル化したところで、その対応まではマニュアル化できません。「こういうことを言ってくるだろうな」といった言葉の選定はある程度できても、「その人がどういう意図や背景でそう言ったのか」ということは特定しづらいものです。

だからこそ、**「聞かれると嫌な質問」の意図や背景を想像することが相手の理解につながり、「質疑応答術」として応用できる**のです。聞かれそうな質問を10～20、聞かれると嫌な質問を10～20を想定できれば、質疑応答は、ほぼ乗り切れるでしょう。

## ●聞かれると嫌な質問1

### 「自己アピール」の対応

「自己アピール」というのはプレゼンや会議において、自分の知見をひけらかしたり、否定的な意見を言って、上位者に自分の存在意義を誇示する言動を言います。

これは、決裁者が質問をした際、決裁者自身の観点にない補足質問をするケースとは異なります。結果的に「今、その話は決裁や意思決定に関係ない」「そんな細かい話は要らない」という類のもので、本質的に重要な質疑ではないものです。

質疑応答の場で『これは本題とはかけ離れた内容で、明らかにアピールだな』という質問が出た場合、「後で個別にお話させてください」として捌き、決裁者に「よろしいでしょうか」と確認を取ります。ただし077ページでもふれたように、後で必ずフォローに行きます。

この捌き方ができるかどうかで、時間短縮にもつながり、決裁件数が増えることにもつながっていくのです。これができるようになるには、自分の中の「視座」を上げる必要があります。質問を聞いた時『これは意思決定には無関係だな』と判断できなければならないからです。

そのためには、普段の日常業務から視座を上げられるように、上位職の会議に出る機会を得たり、情報を集める行動が大事になるのです。(↓124ページ)

## ●聞かれると嫌な質問2

## 「先延ばしを促す提案」の対応

この「先延ばし提案」パターンというのは、

「もう少し議論したほうがいいんじゃないですか?」

「まだいいアイデアが出そろっていない印象があるので、もう一度議論しませんか」

「とりあえずいったんペンディングして、もうちょっと議論しましょうか」

というように、実際に何を議論したいのかが明確でなく、「何となくもうちょっと議論したほうがいい」という提案です。

根拠に基づいて再議論する方向性を提案してくる場合は、確かにもう少し議論する余地もあるでしょう。

しかし、議論の先延ばしも良い場合と悪い場合があって、根拠に基づいた追加審議事項がない場合は、うまく捌く必要があります。例えば、

「これ以上議論を継続することによるチャンスロスは○○○万円です。テストトライアルとして北海道エリア限定で実施するのはいかがでしょうか」

「実施しないことのリスクとして、競合のシェア増につながることが予測されます。この案件でなくても、何らかの施策を来月には実施すべきですが、議論継続ですと間に合いません。ぜひ一緒にアクションをご検討いただけませんか？」

というように、代替案やリスクを提示したり、巻き込む形で話を持っていきます。

## ●聞かれると嫌な質問3

### 「そもそも論」の対応

これは、先の100ページでもふれましたが、

「この案件は、そもそもやる必要があるんでしょうか？」
「タイミング的に、今やらなきゃいけないの？」

というような、プレゼンの前提条件を覆すような意見です。何らかの合理的な理由があれば「やらない」という選択もあり得ますが、議題に上っている時点で「会社としてやる必要がある」と判断されているわけですから、こうした意見に対してはキラートークとして、

「『そもそもやる必要がない』という根拠を教えていただけますか？」

「では、代替案をご教示下さいますか」
「こういう効果を期待できるから、今やる必要があるのです」
「今やらないと、こんなリスクが考えられます」

などの返しをすると、多くの場合「いや、何となく」という返事が返って来ることが多いのです。そこで「いや、だったらやりましょうよ」という返しも、相手を巻き込むという意味で大事なのです。

ただし、これらを伝えて、「確かにそうだね」というふうに相手に納得させるには、きちんと理由や根拠を挙げてロジカルに伝える必要があります。

それでも再考を求められることもありますが、その根拠がよくわからない場合、「別の角度からちょっと考えてみましょう」と言って伝え方を変え、別の観点から説明するだけで通る場合もよくあります。

例えば、「5月の実施」を提言して何となく否定された場合、「5月にやらないことへのリスク」「6月以降のイベント」「来年、再来年への布石であること」「今回の意思決定が未来を変えること」など、時間軸を変えて伝える方法です。

その他の方法として、提案内容全体の了承を取るのではなく「わかりました。今回は、このパートの、この部分だけ、議論したいんですけど」と言って、焦点を絞ることで少しずつ陣地を増やす攻め方です。こうすることで、最終的に全体承認を得る戦略も「質疑応答術」として用意しておきましょう。

### ●聞かれると嫌な質問4

## 「否定質問」の対応

「今は止めたほうがいいと思うんだよね」

「他にもっとやるべきことがあるんじゃないの」

「うちがやる必要ないんじゃないの」

「そこがちゃんと言語化できてないと厳しいね」

「言っている意味わかる？」


いかがでしょうか。否定型の質問は根拠に乏しく、それでいて意見を求められるため、答えづらいものです。さらに「それを実施するだけで本当に数字が達成できるのか？」「本当に実現可能なのか？」「それはどれぐらいの成功確率があるのか？　その根拠は？」と詰めてくることもよくあります。

こういった否定的な意見も根拠に基づいての否定であれば議論の余地はありますが、利己的に「責任を取りたくない」「自部署の負担が増えるのが困る」というものから「先例がないことに対する意思決定を避けたい」という理由も中にはあるでしょう。

確率論はある程度ロジックで算出することも可能ですが、完璧に説明することは不可能です。スピーディーにアクションして修正することで対応するのがベストです。

これらの否定型の質問は、ある程度の議論を踏まえ、あくまで自らはやる意義や必然性を示して、最終的には決裁者の判断に委ねることになります。

### ●聞かれると嫌な質問5

## 「想定外」「自分が知らない言葉」の対応

ここまでは「嫌な質問」でしたが、これは「回答できない」という質問です。

そもそも、こちらに情報がない、考えていないという場合は、素直に「すみません。

わかりません」「申し訳ありません。それは調査不足でした」と伝えて、「後ほどデータを提示します」「早急にリサーチを行います」として、次のアクションや態度を示すことが大事です。

理由や根拠が示せない場合や、質問された言葉の意味がよくわからない場合、正直に「それについては勉強不足でした。申し訳ありません」「その言葉の意味がよくわからないので教えていただけますか」と返します。

これらに答える時、「おそらく」「たぶん」「～とかだと思います」というような曖昧な表現で誤魔化すことは絶対にしないで下さい。**誤魔化すことは自信のなさの表れで、信頼預金が減る**一方です。

また、自分が知らないカタカナ用語で質問された時も同様です。例えば、

「BtoBと、BtoCのどちらを…」
「今後はダイバーシティが重要になりますから…」
「クロスコミュニケーションがデフォルトに…」
「メタファーとしてファストフードをイメージして…」

「UXを高くする必要が…」

などのカタカナ言葉が質問に出てきた場合、用語の意味がわからなければすぐに調べたり、質問者に確認するといいでしょう。

知らないことを知ったフリをして全く異なることを答えてしまうほど恥ずかしいことはありません。知らないことがあるのは成長の伸びしろがあることの裏返しです。すぐに学びにつなげていきましょう。

## 「聞かれると嫌な質問」のロジックを考える

「聞かれると嫌な質問」を想定することは一見難しいようですが、次の方法で、ある程度予測は可能です。

まず、「**質問者に対して、今回のプレゼンはどのような影響を及ぼすか**」を明確にします。質問者にとって「自分ごと」になる事柄は、利害関係や所属部署に何かしらの影響やインパクトがあったり、責任を問われるような事象が発生する場合です。

私はよく、相手の立場に立つように言うのですが、「相手の立場にどう立てばいいかわからない」という質問をいただきます。考え方の1つとして、「その人の立場を担保すること」があります。

仮に質問者として部長をイメージした場合、「部長にとって、どのような影響があるか」を考えます。仮に、「この案件を承認したら自分の出世に響く」「他部署からの要請を簡単に引き受けたことで部署内での影響力にネガティブな印象を持たれる」「前任者との比較で当たりが強くなる」ということを前提に考えていくと、「聞かれると嫌な質問」はある程度出てくるものです。

もし「この案を通すと、うちの部署のタスクがすごく増えるから、ここで潰してしまえ」と思われた場合は、「これはすごく負荷もかかるし、絶対に成功しないよ」ということを言って取り下げさせようとするかもしれません。

プレゼン内容が相手に負荷がかかるような提案の場合、それを相手に無理やり呑ませて服従させることは避けたほうがいいでしょう。

同様に、質疑応答の議論で相手を打ち負かすことも、相手の存在価値を否定することになり、その後、自分の居心地も悪くなります。上位職の人に対してストレートな言い方をして、ずっと憂き目を見ている人もたくさん見てきましたし、私も同様の経験があります。それは心地のよいものではありませんでした。

まず、相手の立場を担保するには、日常業務や上司の出席する会議などで、上位職の思考や部署の現状、今後の動向等をキャッチすることが第一歩です。

自分の仕事のしやすさを優先したり、責任を回避したいという気持ちは、人によってまちまちですが、必ず存在します。

ただし、それを考慮しすぎると、意味ある提案にはならないでしょう。同時に、相手を言い負かして説得しても、後で協力されないということが起こり得ます。

保身を第一に考える人は、会社規模の大小を問わず、必ずいるものです。

ただ、保身のために否定的なことを言われても、事前に考えていれば対応は可能です。何も考えず、質問されて何も言えないことのほうが印象が悪いでしょう。

「こう言われたら引き下がろう」とか「こう言われたらここまでは動こう」という落としどころを、ある程度事前に決めておくことが必要です。

まとめ

- 質疑応答は「聞かれそうな質問」と「聞かれると嫌な質問」を事前に考えておこう
- 聞かれたら嫌な質問の背後にある意図を知ろう

# 9 決裁率を上げる日常コミュニケーション

決裁者や意思決定の場に出席する人たちのタイプをしっかり見極めるには、前著『入社3年目までに押さえたい社内プレゼンの攻略術』でもふれたように、日常業務の中で相手を知ることが必要になります。

相手の「思考」を理解するというのは、例えば、プレゼンでも日常でも、話をする時に「相手が何を大事にしているか」というジャッジポイントや判断軸をしっかり理解することを意味します。つまり、「何を基準にして意思決定、優先順位を決めているか」ということです。

例えば、「時間軸をすごく大事にしている」「指揮命令系統を大事にする」など、何をポイントにしているのかという「思考の軸」を理解します。

## 決裁率を上げる日常コミュニケーション

日常での上司、決裁者とのコミュニケーションで

# ①思考を理解
# ②信頼関係の醸成

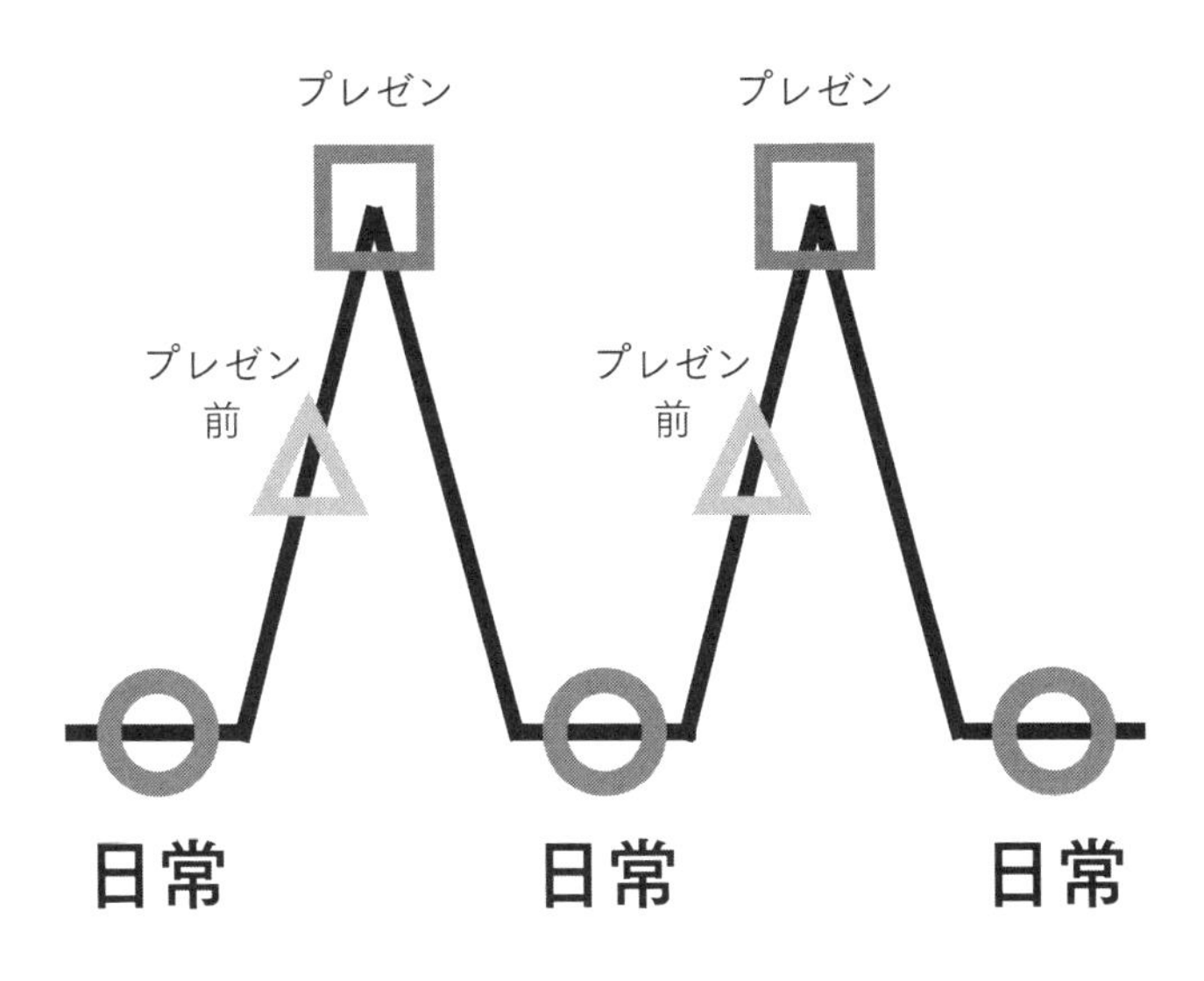

あとは資料の精度と時間軸、つまり、「求められる完成度の基準」と「対応するスピード」を知っておきます。それらがある程度わかってくると、それに合わせた形でスライドや資料を作成できます。

さらに信頼関係を構築するには、日常業務の中で、たえずお互いを開示し合うことです。自分の考え方をきちんと伝えられると、相互に信頼関係が醸成できるので、まずは自己開示をしていき、相手にも開示してもらうように働きかけましょう。

私がよくやっていたのは、**上司の悩みを聞く**ことです。悩みを聞くことで「じゃあ、その悩みを解消しましょう」と同じゴールを向いて動いていくと信頼関係が深まっていきました。

## 決裁者はステークホルダー

自分に提案するよう求められた仕事というのは、上司や役員、最後は社長に対して「自分はこう考えますが、どうでしょう?」「ここまで実現性の高い方法を考えました。だから任せて下さい」というプレゼンをツールとしたコミットメント（公約）です。

「会社はなぜ、この案件を課題として捉えて、自分にチャンスをくれたのか」というところから考えると、提案内容の精度は自ずと上がってきます。

それは、どこまで会社のことを考えてベストな提案を「これです」と提案できるかということになるからです。

考えの根底にあるものとして「会社をよくしたい」「より大きくしていきたい」「会社を通じて世の中をよくしていきたい」という企業理念に行き着きます。

その理念を実現させるために「自分はこのプロジェクトに関わりたい」「この仕事がしたい」「この決裁を勝ち取りたい」という念(おも)いを込めなければ、最終的に経営陣は「決裁したい」とは思ってくれないのです。

経営者は単年度で株主に対して成果を示さなければならないわけですが、限られた経営資源で実現させるためには、投資を集中しなければなりません。人・物・金・時間は有限なのです。その判断をまちがえると目標が達成できないばかりか、危機的状況に陥ります。企業は成功確率が高いものに投資するのですが、どんなに成功確率が高くても、実際の実行者がやり切らなければ達成できません。最後に決裁者は、「この人に任せていいか。託しても大丈夫か」を見ているのです。

ある程度社歴が長い人は、その人自身のことを決裁者が認識していますから、過去の実績と本人の特性を理解した上で任せていきます。

前職で、ある管理職が役員の乗ったタクシーに一緒に乗り込んで、「お願いします」で事足りてしまうことがありました。まさにその人に信頼貯金があるからこそできた話です。信頼がまだ十分ではない若手社員や、管理職になったばかりで実績がない人たちは、「どうやって自分を信用してもらうか」ということを、真剣に考える必要があるわけです。

## 熱意は準備で伝える

ではどうすれば信頼を勝ち得ることができるのでしょうか。勤務態度や言葉で熱意を伝えるだけで信頼が醸成されることはありません。

提案内容が優れていることは大前提ですが、私は、**質疑応答で聞かれたことにきちっと答えられるよう用意周到に準備していることこそ信頼獲得のカギ**だと考えます。

それは「この仕事」「この案件」に関して自分がどれだけコミットして、念(おも)いを強く持っているかということの表れであり、それを示すことで信頼感が醸成されていった実体験からです。

これは管理職の立場になると、より鮮明になりました。人を信頼して決裁するには「必要な情報を得る」というのが重要な要素の1つです。精度が高く、信憑性のある情報が入ってくると決裁できます。この**情報の「質の高さ」を示す**ことが1つ目のポイントです。

2つ目は、**「最後までやり切る姿勢」を示す**ことです。過去にやり遂げた実績がある場合は信頼貯金がありますが、実績がない場合は、「大丈夫です、やり切ります」と言えるかどうかが試されるのです。できるかどうかを信じるのは実質的には相手ではなく自分自身です。つまり、成功確率を上げるのは自分次第。はっきり「やり切ります」というのはすごく大切なのです。**経験がなくても最後までやり切る「胆力」を示す**。そして、**言葉だけではなく、その後の行動で示す**ということです。

だからこそ、質疑応答で「よく準備しているな」「事前によく検討しているな」という姿勢は決裁者に安心と信頼をもたらしてくれるのです。

質疑応答で聞かれたことに対して、自らの見解を**「質の高い情報＋やり切る姿勢」**

をセットにしてきちんと伝えれれば、「この人はしっかりしている」「任せて大丈夫」という意思決定につながるわけです。まさに「**熱意は準備に宿る**」のです。

聞かれた内容に対して手元にデータがない時でも、そのデータを調べて提示するスピードの速さや質が、相手の想定を上回っていれば「熱意」として伝わります。

このような姿勢は、第三者がフォローしてくれることにもつながります。例えば上司がさらに上位職に対して「とりあえず彼に任せてみましょう」「彼女は最後までやり切るメンバーですから」ということを進言する形で援護射撃をしてもらえることもあります。

過去に私も「○○部長が言うのならまちがいないね。君に任せよう。ただし、○○部長にはしっかりフォローしてもらうように」と役員に言われて、チャンスを戴けたことを覚えています。

## 目指すのは将来の信頼度

一生のうち約40年に及ぶビジネスライフで捉えた時、目の前のプレゼンだけうまく

# 目指すのは将来の信頼度

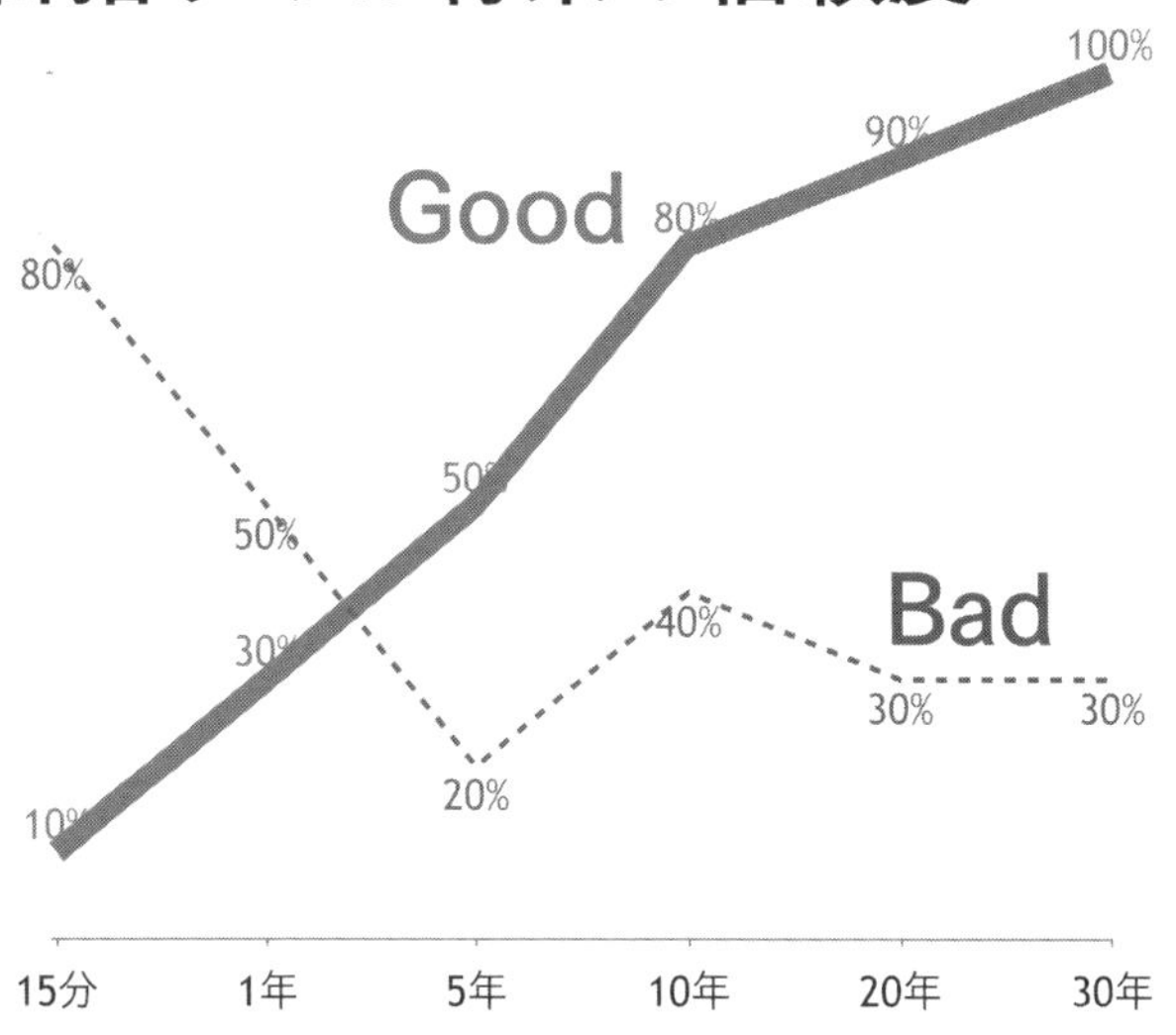


・ビジネスライフ

**信頼度を右肩上がりにする**

・乱高下、ダウントレンドにならないようにするには

**①イメージトレーニング**

**②チャレンジし続ける**

**③場数を踏む**

いけばいいわけではなく、何度も実績や経験を積み重ねて、自分の評価を高めていくことを意識してください。最終的にそれを積み上げていくことで、自分がやりたいことに手が届いたり、就きたい役職に就いたり、行きたい部署で仕事ができたりと、あなたが描く未来をつかむことができます。

ビジネスライフでは信頼貯金をどれだけ積み上げられるかが勝負です。そのためには、次の3つを意識しましょう。

①イメージトレーニング（信頼される自分をイメージする）
②チャレンジし続ける（自ら新しいこと、難しい案件に関わる）
③場数を踏む（数多くこなすことで、実績と経験を増やす）

「上司やトップが交代して、これまでの話し方が通じなくなった」ということは、私も常にさらされてきました。これは上司の交代により、信頼感がリセットされる現象です。

私の場合、ジェイフォンに入社したらボーダフォンに買収され、次にソフトバンクに買収されてと、頻繁に会社、企業文化、上司が変化していく中で、その都度、信頼貯金はゼロにリセットされて、また一から積み上げていくプロセスの繰り返しでした。

その中で養われたのは、「いかに適応できるか」ということです。変化に対する「適応力」はＶＵＣＡの時代、今後ますます重要なスキルになります。

## ２つ上の視座

２つ上の視座というのは、自分より２つ上の上司の視点・考え方を指します。

これも前著でふれましたが、社内会議に出る機会があった際などに、２つ上の職位の人が「どういう点を判断基準にしているか」「こだわるポイントは何か」などを把握すると、スライドや資料を作成したり、質疑応答でどういう質問が出てくるのかの傾向が想定でき、対策も容易になります。逆に、何も意識していなければ、質疑応答の想定問答も作成しづらいでしょう。

上位職であれば当然Ｑ＆Ａは作りやすいわけですが、そんな経験がなくても、会議で役職者を見て、どういう質問をしているかを意識して取り入れておけば、「〇〇部

決裁率を上げる日常コミュニケーション

上司、決裁者の出席している会議で

# 2つ上の視座を手に入れる

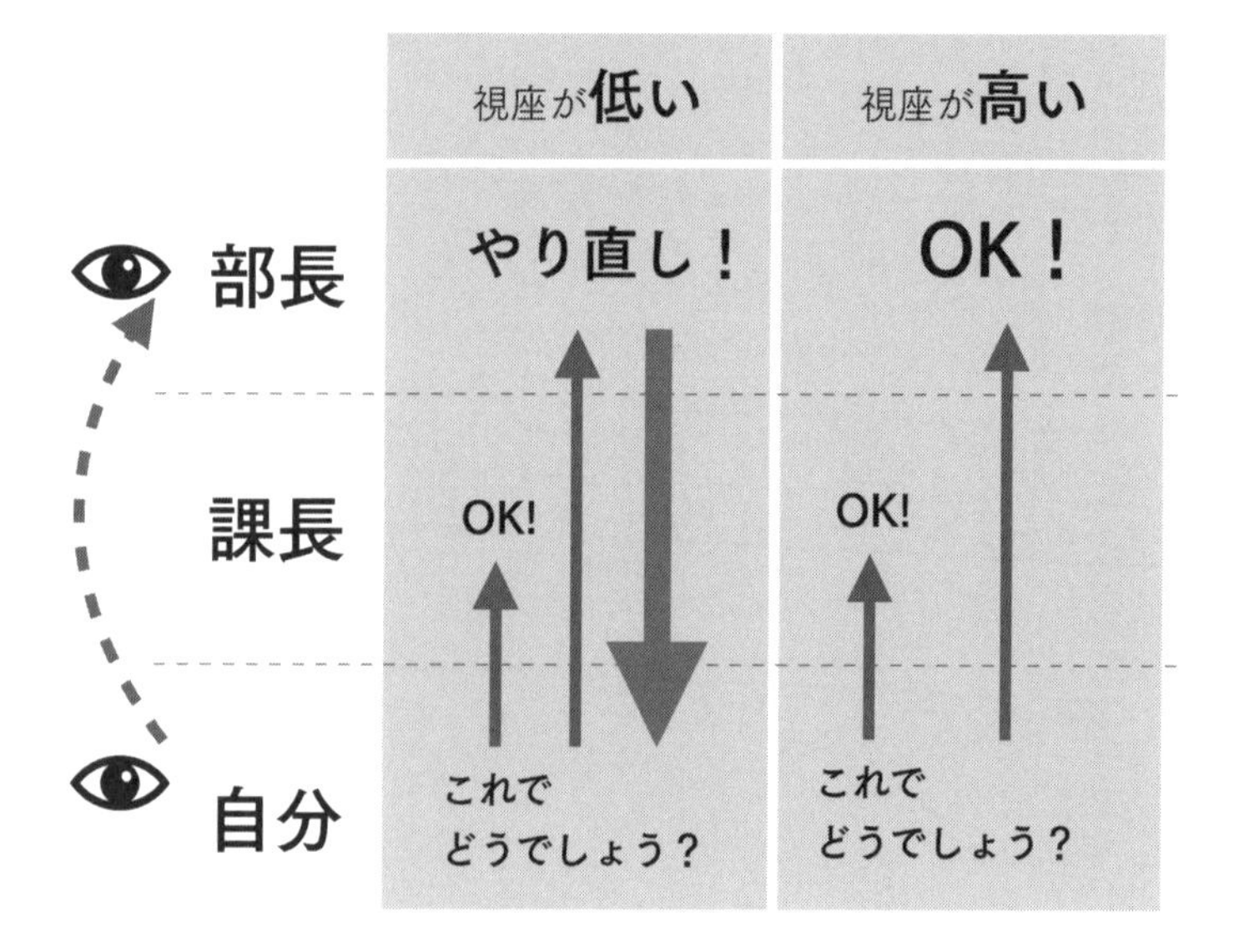

長は他社の動向を絶対聞いてくる」「□□役員は要件定義の細部を毎回チェックしている」といった「勘所（かんどころ）」がつかめてきます。そういう機会をなるべく得るため、日常から上位職会議に出る機会を得られるよう努めることが大切です。

**まとめ**

- 日常のコミュニケーションが決裁率を上げる
- 準備のプロセスで信頼度は養われる
- 信頼貯金は右肩上がりに増やす
- 2つ上の視座を意識しよう

## 10 GOODな発表者と残念な発表者

### 「詰め込み型」の残念な発表者

残念な発表者に見られる特徴は、

①スライドに情報を詰め込みすぎ
②質疑応答の準備をしていないので信頼を勝ち取れない

ということが往々にして見られます。もともと、そういう人は手抜きもせず、真面目に取り組んでいるあまり、「抜け漏れなくきちんと伝えたい」「ロジカルに伝えなけ

## 残念な発表者と決裁者の関係

| | 発表者<br>「~しなければ」 | 決裁者<br>「~したい」 |
|---|---|---|
| プレゼン前 | ・抜け漏れなく話さなければ<br>・ロジカルにしっかり伝えなければ<br>・詳細まで説明しなければ<br>・汗をかいて頑張ったことを伝えなければ | ・短時間で意思決定したい<br>・議論に時間を割きたい |
| プレゼン中 | ・スライドが文字だらけ<br>・書いてある文章を読み上げる<br>・一枚のスライドにグラフだらけ | ・結論を知りたい<br>・結論に至るロジックを聞きたい<br>・知りたいポイントだけ聞きたい |
| 質疑応答 | ・聞かれたことに答えられない<br>・想定外の質問でパニック<br>・意志が希薄<br> | ・聞いた質問に答えない<br>・データがない<br>・対案がない（考えていない）<br> |
| プレゼン後 | ・未決裁<br>・次回までのタスクが大量<br>・信頼をなくす | ・担当者の変更を検討<br>・別の案件を検討 |

れば」「詳細まで説明しなければ」というように、自分が汗をかいて頑張ったことを伝えようとしがちです。そうすると「詰め込み型」になりやすいのです。

その結果、スライドも文字だらけになり、「せっかく調べたんだから全部伝えたい」という気持ちから、書いてある文章を読み上げる傾向になります。しかも、1枚のスライドにグラフを詰め込んでしまうため、聞いているほうはますますよくわからなくなってしまうのです。そして質疑応答になった時、スライドに書いていないことを聞かれると、準備をしていないので瞬時に答えられないことが多々見られます。

スライドにたくさん書き込んでいる人の場合『あらかじめ言い訳をしておきます』という気持ちが表れているような印象を受けます。結果的には未決裁になってしまい、上司の信頼もなくしてしまいがちです。

そもそも決裁者の心理として、「なるべく短い時間で決めたい。できれば、説明をずっと聞かされるよりもディスカッションをして、さらに内容をよくすることに時間を割きたい」と思っているものです。

だからこそ、結論から知り、その上でロジックや理由を聞いて、理解・納得したいのです。さらに、自分が知りたいところだけを聞きたいので、それ以外の話を聞くのは苦痛だとすら思っています。ですから、質疑応答の時に知りたいことを聞いても「わかりません」「考えてません」「データがありません」という答えばかりだと、プレゼンが終わった後に、「担当は今のままで大丈夫か？」「別の人を検討しよう」という話になってしまうこともよくあります。中には見かねて自分でやってしまうリーダーもいるくらいです。これが残念な発表者の例です。

## 「絞って伝える」GOODな発表者

これに対してGOODな発表者は、必要なポイントをシンプルかつロジカルなスライドでプレゼンし、聞かれたら該当するデータがすぐに出せるようAppendixを用意しています。

**書いてあることをただ読み上げるだけではなく、理由や補足をしっかり伝えることができ、選択肢が示されて推奨案も明示されている。**

「ワンスライド・ワングラフ」の作り方になっていて短時間で理解が可能。

データがなければ、「別途持参します」「後日お持ちします」「後日調査して報告し

# Goodな発表者と決裁者の関係

| | 発表者<br>「~すべき」 | 決裁者<br>「~したい」 |
|---|---|---|
| プレゼン前 | ・必要なポイントだけ<br>・シンプル＋ロジカル<br>・詳細はAppendixで補足 | ・短時間で意思決定したい<br>・議論に時間を割きたい |
| プレゼン中 | ・文字は少なく<br>・書いてあること＋補足を話す<br>・「ワンスライド・ワングラフ」 | ・結論が明確<br>・シンプル＋ロジカル<br>・知りたいポイントがわかる |
| 質疑応答 | ・聞かれたことに答える<br>・Appendixで補足<br>・データがない→別途持参<br> | ・的確な回答がある<br>・データがある<br>・選択肢があり決めやすい<br> |
| プレゼン後 | ・決裁<br>・次回はアクション報告<br>・信頼アップ<br>・チャンス倍増 | ・信頼アップ<br>・別の案件も任せることを検討 |

ます」という対応の準備もしっかりしている。

これらができていると信頼され、決裁率も当然上がり、チャンスが増えてきます。

決裁者はプレゼン中に、「結論はこうなんだ」「シンプルでロジカルでわかりやすい」「聞いても知りたいポイントがすぐに出てくる」という好印象を持ちます。

準備がきっちりされていると、さらに大きな案件を任せようという好循環にもつながるのです。

**まとめ**

● GOODな発表者は、
①シンプルなスライド
②Appendixが用意されている
③質疑応答の準備ができている

# 質疑応答の深掘りプロセス

## 聞かれているのは「事実」か「見解」か

何か質問を受けた時、それが「ファクトや事実を求めるもの」なのか「発表者の見解や意見を求めるもの」なのかの2種類があります。

例えば「この数字の根拠はなんだ」といった明確な答えがある場合と、「君はどっちがいいと思うんだ」「君はどうしたいんだ」という自分の意見を求められる時があるということです。

事実を求められているのか、意見を求められているのかで答え方が違ってきます。

## 質疑応答概念

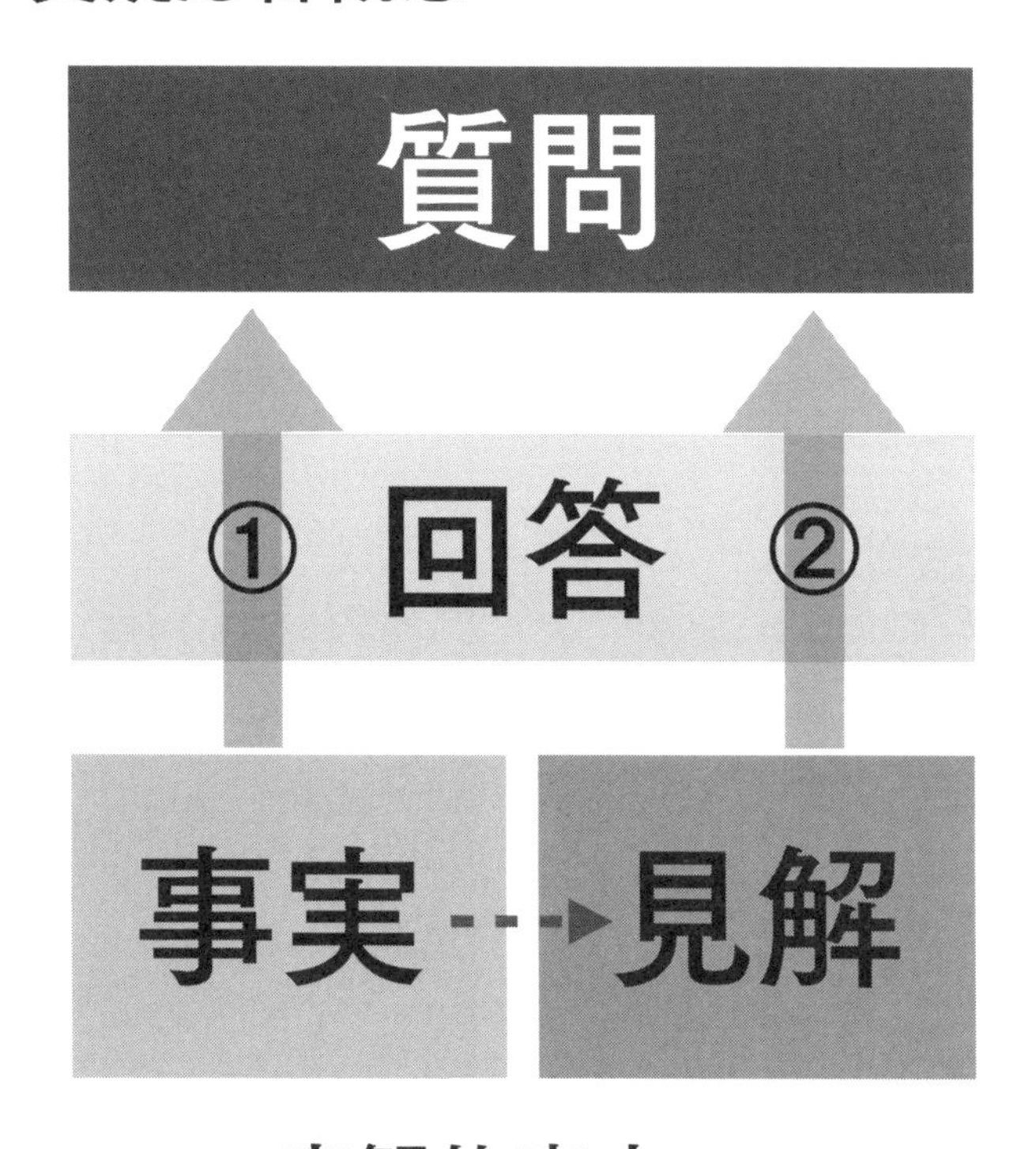


①回答は**客観的事実**を伝える

②**客観的事実**に基づいた**見解**を伝える

## 質疑応答方法

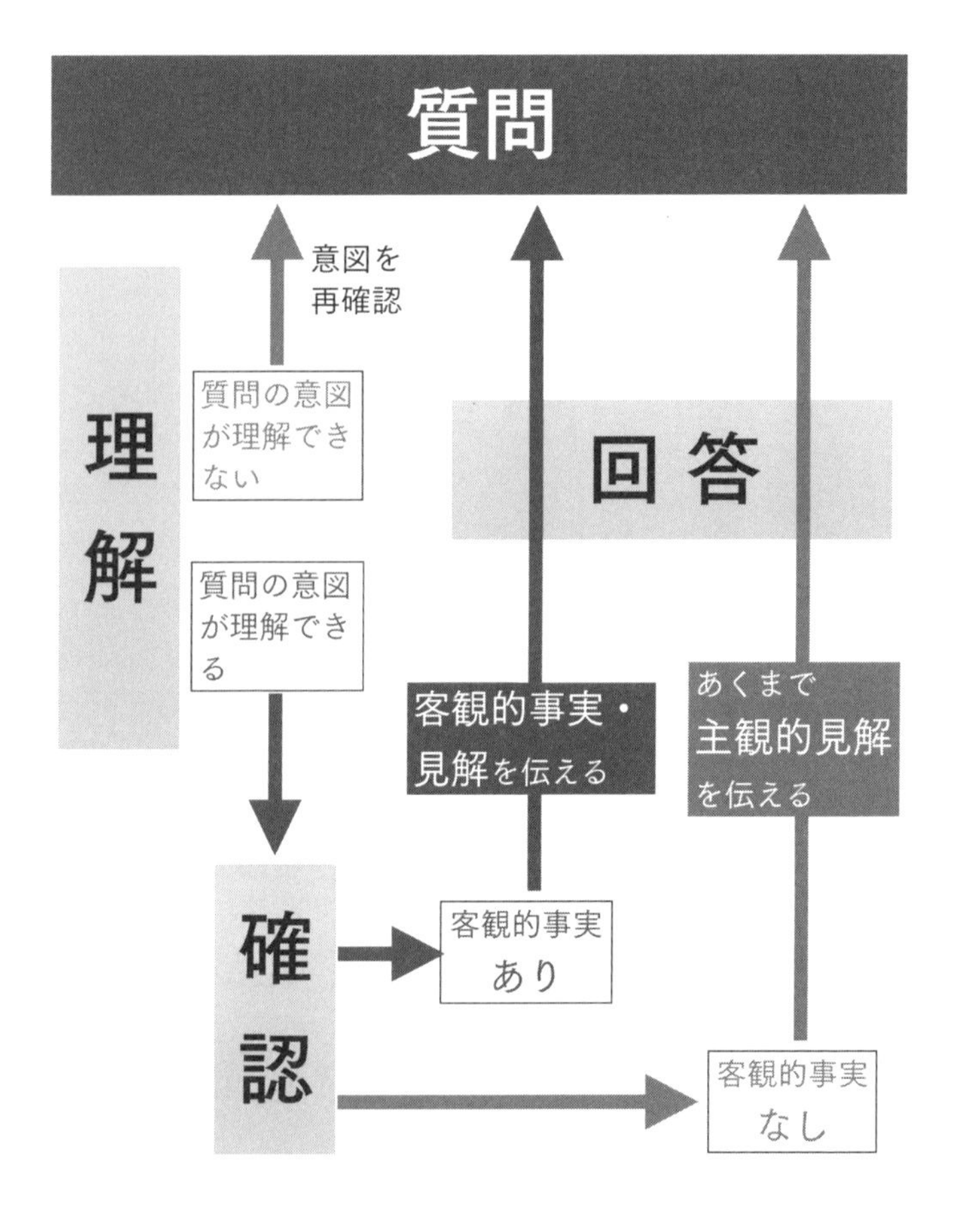

質問
意図を
再確認
理
解
質問の意図が理解できない
質問の意図が理解できる
回答
客観的事実・
見解を伝える
あくまで
主観的見解
を伝える
確
認
客観的事実
あり
客観的事実
なし

## 説得力ある答え方を深掘りする

例えばA・Bの2案を出した時、

「君としてはどっちがやりたいの?」
「B案です」
「なんで?」

という質疑応答で、客観的事実を根拠として伝えられると説得力があります。

例えば、ある旅行商品のネーミングについてアンケート調査を実施した際、男性はA案を選んだ人が多く、B案は女性の得票率がとても高かったとします。

そこで、実際にカップルで旅行に行く場合、「行先やツアーを決めるのは8割方、女性」というデータを根拠として挙げれば、当然ながら「女性が選ぶB案のネーミングがいい」というほうに説得力があるわけです。

これを何の根拠もデータもなく、「チーム内の意見としてはB案です」と言っても説得力がないでしょう。客観的な根拠があったほうが、決裁者も理解を示しやすく、会議出席者にも賛同してもらいやすくなります。大切なのは「どう思う？」という質問に対する「答の掘り下げ」です。つまり、**自分の見解であっても、単なる意見や感想にとどめず深く掘り下げ、客観的事実があるかどうかまで詰めていく**ことなのです。

## 別の視点から考えを深掘りする

では、具体的な深掘りの仕方ですが、トヨタやパナソニックの事例のように、「なぜ」を3～5回繰り返して考えるという手法があります。私が在籍していたソフトバンクだと、「脳がちぎれるほど考えろ」と言いますが、「なぜ」を3回ぐらいくり返すことで深掘ってみましょう。例えば、私は普段から黒い服を着るのですが、

「なぜ黒い服を着るの？」➡好きだから。
「なぜ好きなの？」➡書をやっているから。
「なぜ書をやっていると黒が好きなの？」➡墨の色と同じで落ち着くから。

というように理由を掘り下げてみます。こうすると、ただ単に「好きだから」という理由が深掘りできます。ここでさらに「なぜ」だけでは物足りないということがよくあるので、他の角度からの理由も考えてみます。例えば、

「白じゃダメなの？」

⬇墨がついて汚れると嫌だから。


というように、別の角度から、「他の手段や方法ではダメなのか？」という質問を自分に投げかけてみると異なる理由に辿(たど)り着けます。例えば、A案とB案で、B案がいいと思う場合、

「なんでB案がいいの？」

⬇○○だから。

「では、なぜC案はダメなの？」

⬇C案だったら□□だから。


というように、別の切り口から「B案がいい」と抜け漏れなく考えることができるのです。**「なぜ」×3回＋別案のNG理由の確認**で深掘りしてみましょう。

## 5W1Hを使って質問を想定する

ここからは具体的な質問の想定方法として、5W1Hを使って考えてみます。

**誰が**

「これは誰が質問してくるのか」といった質問者の想定や、業務の担当部署に関して「どの部署がやるべきなのか?」などに対する回答を考えます。

Who（誰が?）:**「誰が反対しそうなのか?」**（質問者）／**「誰が実行すべきなのか?」**（担当）

**いつ**

「なぜその時期じゃなきゃダメなんだ。もっと後でもいいじゃないか」とか「もっと早くできないの。なぜそんなに時間をかけるんだ」ということはよく聞かれます。

この「いつ」にまつわる質問も大事なポイントです。

ビジネスにおいてスピードは最大の武器です。例えば、「この時期はリソースが足

## 質疑応答作成方法 基本パターン

| 5W1H | |
|---|---|
| | 自分への質問で質問作成 |
| Who? | 誰が？ |
| When? | いつ？いつから？いつまで？ |
| Where? | どこで？どこから？どこまで？ |
| What? | なにを？ |
| Why? | なぜ？ |
| How? | どうやって？ |

りないから夏にします」「他社が実施しないこの時期にします」といった、時期にまつわる理由について明確に答えられるように準備します。

**When（いつ?）：「いつから? いつまで?」（期間）／「今やるべき?」（時間軸、優先順位）**

## どこで

「オフィスの移転を地方にできないのか?」「テストマーケティングはなぜ北海道ではダメなのか?」というように、場所の選定根拠を説明できるようにしておきます。
最近だと、会議やイベントにおいて、オンラインかオフラインかについて理由や根拠を求められることが増えています。

**Where（どこで?）：「どこから? どこまで?」（範囲）／「どこでやるべき?」（場所）**
**「オンラインでやるべき? オフラインでやるべき?」（オン／オフラインの選択根拠）**

## 何を

これはプレゼンで具体的に提案する内容です。What（なにを?）

## なぜ

「なぜ」というのは、回答するすべてに対して必ず付随するものです。理由や根拠に関するデータの正当性や妥当性を明確にしておきましょう。併せて「何のために」という「目的」に関してもよく確認されます。「この提案の目的は？」「これをやることで何を実現したいの？」ということも聞かれますので準備しておきます。

**Why（なぜ？）：「根拠データの正当性・妥当性は？」（根拠）／「この予算の妥当性は？」（もっと安くしたい）／「このリソースの妥当性は？」（もっと少なくしたい）／「このスケジュールの妥当性は？」（もっと短くしたい。効率よくしたい）／「なんのために？」（目的）／「目的はなんだっけ？」「これをやることで何を実現したいんだっけ？」（目的）**

## どうやって

「どうやって」ということもプレゼン提案の中に入っています。例えば、ある広告の反応率が2％という調査データがあったとして、「その2％を10％に引き上げるためにはどうする？」と聞かれた時、ここで「それは考えていませんでした」と言うと、「それではうまくいこうがいくまいが、バックアッププランがないじゃないか」という形で終わってしまいます。したがって、しっかりと「どうやってそれを実現するのか」という答えを準備しておくことが信頼感を勝ち取る道につながります。

**Ｈｏｗ（どうやって？）：「どうやって成功確率を上げるか？」（解決手段・具体性）**

## 質疑応答作成10チェック

続いて質疑応答の「想定質問」を考える10のチェックポイントを示します。

あらかじめこれらの項目について検討することで、「どんな質問が来るか」「何を聞かれると答えにくいか」「準備すべき根拠データや調査資料は何か」といった材料を抜け漏れなく揃えることができるはずです。

### ①そもそもチェック

「そもそも論」が出た際、つまずかずに説明することが大事です。「そもそも論」を切り出されると同調する人が出ます。その際、理由や根拠がしっかり答えられると、ムダな議論をすることなくスムーズに進められます。

# 質疑応答作成 10チェック

| | | |
|---|---|---|
| ① | そもそもチェック | ・そもそもやる意味は？<br>・そもそもこの提案の根拠は？ |
| ② | メリデメチェック | ・メリットとデメリットを確認 |
| ③ | リスクチェック | ・実施した際のリスク<br>・実施しなかった際のリスク |
| ④ | 時間軸チェック | ・過去、過去推移<br>・現在、現状<br>・将来予測、見込み |
| ⑤ | 比較チェック | ・他社比較<br>・業界比較<br>・異業種比較 |
| ⑥ | 相手の立場チェック | ・相手の役職、ポジション、プライド<br>・相手の組織への負荷、予算、リソース<br>・地雷の確認<br>・ネゴシエーション |
| ⑦ | 未来イベントチェック | ・起こり得る未来イベント（例：オリンピック、ワールドカップ、環境汚染、自動運転など）への対応など |
| ⑧ | マーケティングチェック | マーケティングの分析メソッドを使う<br>・3C分析<br>・SWOT、クロスSWOT分析<br>・4P分析　など |
| ⑨ | 根拠データチェック | ・最新のものか？<br>・出典は信頼できる情報か？ |
| ⑩ | 最終チェック | ・企業理念との整合性<br>・最後までやり切る自信が持てるか？ |

### ②メリデメチェック

プレゼンでの提案に対して「メリットとデメリットは？」と聞かれるので、スライドに盛り込むか、質疑応答で答えられる準備をしておきます。

### ③リスクチェック

メリデメに近いのですが、提案に関して「やるリスク」「やらないリスク」を、根拠に基づいて説明できるようにしておきます。

### ④時間軸チェック

「過去はどうか」「現状はどうか」「今後の予測として未来をどう見ているのか」という、過去・現在・未来の時間軸での見通しや展望などをチェックします。

**・過去推移…　例：「過去からの推移はどうなっているの？」「過去の実績は？」「過去に同様のものをやったけどうまくいかなかったが？」（類似のことをやる理由は？）**

**・現在の状況…　例：「現状は？」「現状は計画と比べて順調なの？」**

**・未来・今後の予測・見込み…　例：「今度どうなりそうなの？」**

(1)アグレッシブ(攻撃的)/コンサバティブ(保守的)シナリオ(定性予測+定量予測)

(2)それぞれのアクション+実現可能性

(3)追加アクションの準備

### ⑤比較チェック

他社・業界・異業種と比べて成功事例はどうかなど、何かと比較した時の質問に対するチェックです。

・**「他社と比べてどう?」「業界平均と比べてどう?」「異業種と比べてどう?」「異業種で同様のことをやってうまくいかなかったが?」(弊社でやる理由は?)**

### ⑥相手の立場チェック

案件に関係する部署の上位職の立場に立った時「これはやりたくないかな」「これはプライドを傷つけてしまうかな」「当該部署の業務負担が増えるから、反発されるかも」といった、相手の立場の視点から問われる質問や意見を想定します。

例えば、「技術部門に負荷がすごくかかることを提案して社長がOKを出すと、技術部門がパンクする」ということが想定される場合、事前に技術部門のリソース確保についてネゴシエーションをする必要性に気がつけます。その場合、プレゼンの前に、事前の打ち手が講じられるかということも重要になってきます。

・**相手の立場はまずくならないか？ 迷惑がかからないか？ ➡相手の出世、ポジション、プライドなどに響くとNGになる場合も**

・**相手の組織の業務負荷が増加しないか？ ➡組織への負荷によるアウトプットの減少リスクと予算、リソースへの影響度合いをヒアリングして情報を収集➡地雷を探知する**

## ⑦未来イベントチェック

時間軸の「未来」とは異なり、今後起こり得るイベントや社会の変化に対するアクションに基づいた質問を想定するものです。「今後、こういうことが起きた時にどう対応するか」というマクロ的な質問への準備です。

・**20××年オリンピック、パラリンピックが実施される時の影響は？**

・**20××年の○○万博が開催される時のビジネスチャンスは？**

・**5Gが普及する頃に取るべきアクションは？**

・自動運転が当たり前になった時の当社へのビジネスインパクトは?

### ⑧マーケティングチェック

マーケティング部門で用いられる指標に関する質問への準備です。こういうフレームワークや分析方法を知っておくと、提案や根拠に対する信頼感につながります。

・3C分析/5フォース分析/SWOT分析+クロスSWOT分析/STP分析/4P分析/バリューチェーン分析など
・MECE/ロジックツリー/AIDMA/AISAS/SIPSなど

### ⑨根拠データチェック

ファクトやエビデンスの「質」を担保するため、根拠データをチェックしておく作業です。提案の根拠となるデータが10年前のものだと意味がないので最新のものになっているか、数字に誤値がないか、出典は信頼できるかというのは必ずチェックします。

社内の数字を引用する場合、例えば顧客データの分析については、自分でデータ集計・分析する場合と専門部署にやってもらう場合がありますが、専門部署にやってもらうと安心感が担保できます。

自分で実施する場合は必ず第三者にチェックしてもらったり、トリプルチェックすることで、正確性と信憑性を担保して下さい。時間がなくてデータを一人で作成することもあると思いますが、そういう時こそ、しっかりチェックしましょう。

・**最新のものか？**
・**信頼できる出典か？（総務省統計局、リサーチ会社など）**
・**チェックできているか？（専門部署、トリプルチェックなど）**

### ⑩ 最終チェック

最終チェックについては「この提案内容は企業理念に合っているか」の再確認を行います。企業理念と合致しないことを一生懸命やろうとしてもハードルが上がるだけです。今一度、理念と合っているか改めて確認しましょう。

その上で、「最後までやり切れる自信があるかどうか」という質問を自分に投げかけて下さい。やり遂げてこそ、評価や信頼につながります。

自信を持つには「胆力」を養う必要があります。それには失敗体験を積み上げ、その都度、言語化して同じ失敗を繰り返さないように学んでいくことです。

ビジネスパーソンにとって「失敗をどう乗り越えたか」ということは大きな経験になります。前職のソフトバンクでは、何回失敗してもトライできる環境が用意されていました。「失敗した人ほど成功する確率が上がる」という孫社長のポリシーもあって、チャレンジさせてくれる土壌が会社にありました。

もちろん、失敗に関して厳しい会社もあります。一度の失敗で出世コースから外される企業もありました。そのような企業のビジネスパーソンには、「ヒットポイントがゼロになるような負け方はするな」と伝えています。失敗してもいいのですが、「負け方」があって「ゲームオーバー」になったら会社によっては二度とチャンスをくれないところもあるからです。

対策としては必ず「プランB」をセットに考えることです。イチかバチかではなく、必ず複数のプランを用意しておくことでゲームオーバーにはならないのです。

**・理念チェック　…「企業理念と合っているか？」「最後まで提案をやり切る自信があるか？」**

**まとめ**

- 質疑応答の基本は、客観的事実とそれに基づく見解
- 5W1Hの質問作成の基本を押さえる
- 想定質問10のチェックを活用して抜け漏れをなくす

↓具体的な質疑応答の想定問答事例は、巻末179ページを参照

# 第4章

# 社内プレゼンの準備と実践

# 12 ケーススタディ〔課題解決編〕

本章ではケーススタディーとして、具体的にプレゼンの「準備」までを解説します。

## 発生（キックオフ）

人事担当者のあなたは、課長から「社内で新入社員の会社や仕事への慣れを推進するためのアクションを起こしたいので、施策を提案してほしい」という課題を与えられました。そこで左図プロセス1～6の順番でプレゼンを準備します。

会社の上層部には、「リモートワークが進む中、社員間のコミュニケーション量がかなり減っている。それによる支障を最小化したい」という企図もあります。

# ケーススタディ〔課題解決編〕

**背景**

あなたは人事担当者です。

「リモートワークが進む中、社員間のコミュニケーション量がかなり減っている。それによる支障を最小化したい」という上層部の意向を受け、「社内で新入社員の会社や仕事への慣れを推進するためのアクションを起こしたいので、施策を提案してほしい」という業務を与えられました。

**プロセス１**：ブレストシートの作成
**プロセス２**：シナリオの作成
**プロセス３**：プレゼンスライド・資料作成
**プロセス４**：FAQ作成
**プロセス５**：プレゼン練習＋Q&A会議
**プロセス６**：Appendixの充実

## プロセス1 ブレストシートの作成

ブレストシートを使い、課題・原因・解決策・効果を、結論・根拠の項目で整理します。

### 課題の確認

今回の案件は上層部から上司の課長に指示されたものですから、課長の「課題感」と自分が想定する「課題感」に齟齬(そご)がないか、まず「課題の確認」をします。

例えば、課長は「下からの報告が足りない」「業務の進捗報告や相談がない」という課題感を持っていたとして、新入社員のニーズが「会社の慣習や社会人としてのマナー、作法などをもっと教えてもらいたい」という場合、上司の立場で捉えている課題感と、あなたが考える新入社員のニーズ(課題感)に齟齬がある可能性が高いのです。

この「課題感のすり合わせ」が大切なのは、「何を解決したいのか」が把握できると提案内容がずれたり、ぶれたりしなくなるからです。

そこでまず、指示の内容を自分なりに解釈してブレストシートを作り、それを課長に確認するプロセスを踏みます。最初から上司と顔を突き合わせてシートを埋めよう

ケーススタディ〔課題解決編〕

## プロセス１：ブレストシートの作成

| | 結論 | 根拠 |
|---|---|---|
| 課題 | ・社内でコミュニケーションが十分取れていない<br>・相手が何を考えているのかわかりづらい<br>・新入社員がどういった人物なのか、先輩社員は十分に共有できていない<br>・新入社員は、先輩、上司に対して、どのタイミングで、どれくらいの内容のことを相談してよいかなどの感覚がつかめない | ・新入社員たちからの声が上がっている（5人中5人とも、コミュニケーションについて課題感を持っている：アンケート調査より） |
| 原因 | ・それぞれが業務に追われてコミュニケーションを取る時間が確保できていない<br>・属人的な業務であり相互フォローがあまり必要ない<br>・リモートワークのためコミュニケーションが取りづらい | ・基本的にカメラをオフにして会議を行なっている<br>・それぞれが担当するシステムが異なるため、情報共有が必須ではない<br>・フルリモートワークである |
| 解決策 | A：オンライン自己紹介プレゼンの実施<br>B：オンライン懇親会 | レコメンド：A<br>・自分をどう伝えるか、何を伝えるかで印象が変わる<br>・伝えるスキルの向上<br>・今後も今回作成したプレゼンは使える<br>→業務時間の一部を当該ワークに充てることを承認してもらう |
| 効果 | ・相互理解<br>・コミュニケーションの深化 | ・相互理解による、業務効率アップのデータ<br>・コミュニケーション継続率のデータ |

とすると、「まずは自分で考えてみて」と言われるでしょう。自分で考えてから上司と相談するほうが信頼度も増します。

ここでスピードアップを図るには、「課題」の指示を受けたらその場で「課長ご自身として何か気になる点はありますか」と確認してください。課題感やゴールイメージのすり合わせができると提案も作りやすくなります。

## 課題

今回の課題は「社内でコミュニケーションが十分取れていない」ということです。

この課題認識の根拠として、新入社員から具体的に「コミュニケーションが取れていない」という内容がアンケート調査で判明している前提とします。

先輩社員側も新入社員のことがよくわからないし、新入社員自身も会社の上層部や先輩がどういう人かもよくわからない状態です。

人事担当者は「既存社員は新入社員をどう思うか」というアンケートは取っていません。これは、社員に余分なリソースを割かせたくないという会社の意向もあります。

リモートワークにより、コミュニケーションもオンライン中心になったので、今まで違って「ノンバーバルで伝わってくるものがない」「雑談ができない」「移動の間にちょっとした話もできなくなった」など、意思疎通に時間や手間がかかったり、トラブルが起きることが課題として認識されています。

**原因**

「社内でコミュニケーションが十分取れていない」ということについて、まず考えられる原因として、

- フルリモート勤務なので会社で会う機会がない
- カメラオフで社内会議をしているため顔が見えない
- 担当するシステムが異なるので、情報共有をしなくても業務が進んでしまう
- 既存社員が業務に追われ、新入社員と絡む時間が取りづらい
- 担当が決まっている業務なので、相互フォローも必須ではない

という事情がありました。

**解決策**

解決策として

A案　…オンライン自己紹介プレゼン　／　B案　…オンライン懇親会

の2案を提案することにします。推奨案はA案です。

提案内容として、新入社員だけでなく、既存社員も自己紹介をします。双方向の自己紹介により、お互いをよく理解できるからです。

副次的に自己紹介で自分を伝えるスキルも向上します。動画などで作っておくと来年の新入社員用にも使えるため、業務時間の一部を充てることで、業務時間外の残業を増やさず、勤務時間内での実施を承認します。

**効果**

効果としては相互理解が進み、コミュニケーションも深まることで、業務効率もアップすることを目指します。根拠として業務効率とコミュニケーションの関係性を調査した外部データを提示できれば説得力も担保できるでしょう。

**スピード感**

「課題を振られてから、どれぐらのスピード感で返すか」についてふれておきます。「上司の時間軸」や「提案内容」にもよりますが、今回の目安としては「30分から1時間で1回打ち返す程度」のスピード感で取り組みます。

遅くても1時間以内には、「こんな感じでどうでしょう?」という素案を持っていくようにします。上司は複数の業務を抱えているので、頭が切り替わると先の案件を忘れていってしまいます。そのため体裁を整えるより、

- 紙やノートに手書き
- デジタルデータ・写真データ
- ホワイトボード

などの方法で「課題感のすり合わせだけお願いします」として持っていくことを推奨

します。ソフトバンクでは紙の使用が禁止されていたので、印刷する文化はなく、ノートに手書きやホワイトボードに書いて、それを写真に撮ってスライドで見せていました。ただ、これも企業文化によって異なります。体裁を整えて持っていかないと見てもらえない企業もありますから企業文化に合わせて対応してください。

**大事なのは「スピード感」**です。

スピードについて言うと、手戻りは一番のロスになります。「課題感」のすり合わせをしないまま資料やスライドを作り込んでしまうことが一番のムダになりますから、まずは最初の段階で一度打ち返すのがいいでしょう。

もちろん、自分だけで完結しない案件もあります。例えば、「関係部署に確認が必要」「直接、一次情報を聞かないと何が原因かよくわからない」という場合、1時間でフィードバックできないこともあります。その場合はブレストシートを全部埋めなくても、**とりあえず「課題」を共有しておくだけでもいい**のです。ブレストシートは何パートかに分けて進めてもいいので、スピード感をもってアクションしましょう。

あなたの信頼度が高ければ、3分ぐらいのミーティングで「それでやっておいて」と任せてもらえるでしょう。そうすれば、次のステップに入っていけます。

複雑な案件だとすんなりとはいきません。アプローチを2回、3回と繰り返すこともあるでしょう。大きな会社の場合、課長がOKだったらプレゼンを作り、できたものを部長に上げ、部長がそれにコメントバックして直す。そのコメントを踏まえてさらにブラッシュアップしたものを経営会議に持っていって全社に展開するというルートになりますから手間もかかります。

ただし、このケーススタディーの内容なら課長の権限内で済むと推測されますし、もし、中小企業で10人以下の会社であれば、「それでいいんじゃない」と、口頭ベースで終わるようなレベル感です。今回はもう少し大規模で、社内プレゼンのプロセスを踏むことがルール化されている企業を想定しています。

## プロセス2～3 プレゼンシナリオ・スライドの作成

### シナリオ作成

次はシナリオ作成です。それぞれのスライドに何を書き込むかを考え、パワーポイントのスライド1枚ずつにタイトルを書き込んでいきます。まずはテキストだけ入力

ケーススタディ〔課題解決編〕

# プロセス２：シナリオの作成

本編

表紙

サマリー
結論・根拠

現状・課題
アンケート結果

原因

解決策
A案、B案比較
メリデメ

スケジュール
効果

補足スライド

Appendix

アンケート詳細

導入効果の元データ

し、順番を検討しながらゴールをイメージして構成を考えていきましょう。基本は、「課題➡原因➡解決策➡効果」という並びです。

## プレゼンスライドの作成

シナリオを入力したら、いよいよスライドの作成に入ります。

今回は最初に表紙、すぐに結論が入って、現状、原因、解決策、スケジュール、効果という順序にしました。ここで気をつけるのは全体の枚数とストーリーです。

今回、スライドは本編6枚＋Ａｐｐｅｎｄｉｘ3枚で、3分で話すことを前提に考えた分量です。スライド作成時間は約2時間を想定しています。

もちろん、根拠データをリサーチしたり、出典を確認するともう少し時間がかかりますが、これぐらいのスライドですと、全工程を3時間以内に収めます。例えば、朝一番で言われたら昼にはでき上がる感覚です。

スライド9枚だと、作成合計時間を2時間として、単純計算で1枚13分ぐらい。1枚目の表紙やＡｐｐｅｎｄｉｘは時間もかかりませんので、十分な作業時間でしょう。

ケーススタディ〔課題解決編〕
# プロセス3：プレゼンスライド作成

## 本編

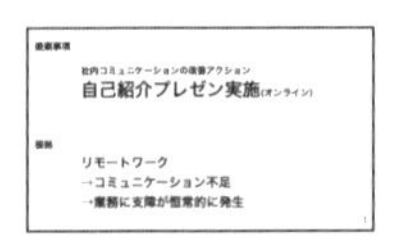


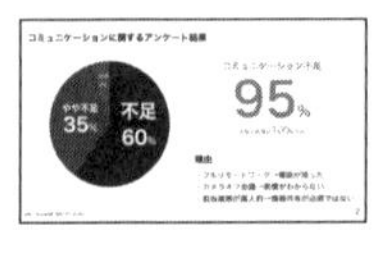


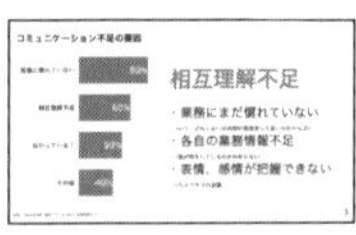


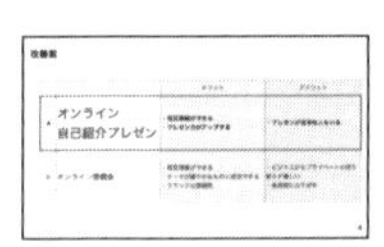


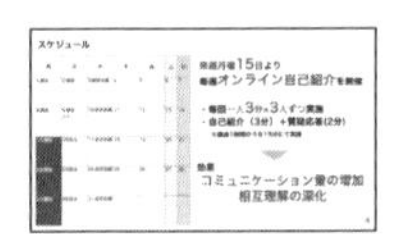


## 補足スライド

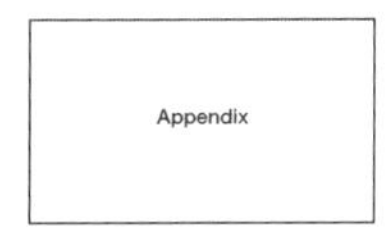


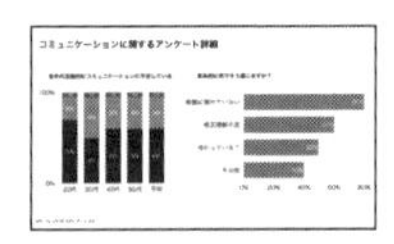


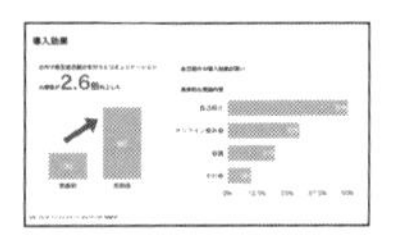

## ケーススタディー：課題解決編　プロセス3：プレゼンスライド例①

# 社内コミュニケーション改善

人事部
前田 鎌利

---

提案事項

社内コミュニケーションの改善アクション

**自己紹介プレゼン実施**(オンライン)

根拠

リモートワーク
➡コミュニケーション不足
➡業務に支障が恒常的に発生

1

---

**コミュニケーションに関するアンケート結果**

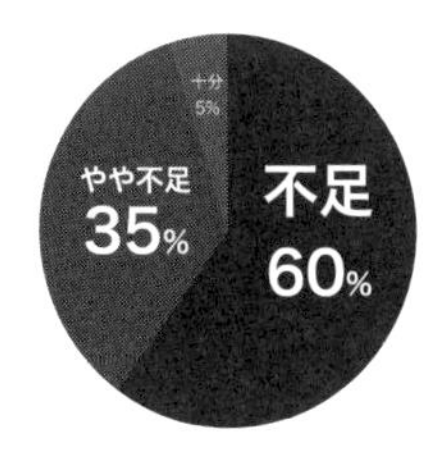


コミュニケーション不足

**95%**

※新入社員は100%不足

**理由**

・フルリモートワーク→雑談が減った
・カメラオフ会議→表情がわからない
・担当業務が属人的→情報共有が必須ではない

出典：20××年3月 社内リサーチ 50人

2

### コミュニケーション不足の要因

| 要因 | 割合 |
|---|---|
| 業務に慣れていない | 80% |
| 相互理解不足 | 60% |
| 伝わっている？ | 50% |
| その他 | 40% |

## 相互理解不足

- 業務にまだ慣れていない
  →いつ、どれくらいの内容の相談をして良いかわからない
- 各自の業務情報不足
  →誰が何をしているのかわからない
- 表情、感情が把握できない
  →カメラオフの会議

出典：20××年3月 社内リサーチ 50人 自由回答より

3

### 改善案

| | | メリット | デメリット |
|---|---|---|---|
| A | **オンライン自己紹介プレゼン** | ・相互理解ができる<br>・プレゼン力がアップする | ・プレゼンが苦手な人もいる |
| B | オンライン懇親会 | ・相互理解ができる<br>・テーマが緩やかなものに設定できる<br>・フランクな雰囲気 | ・ビジネスからプライベートの切り替えが難しい<br>・長時間になりがち |

4

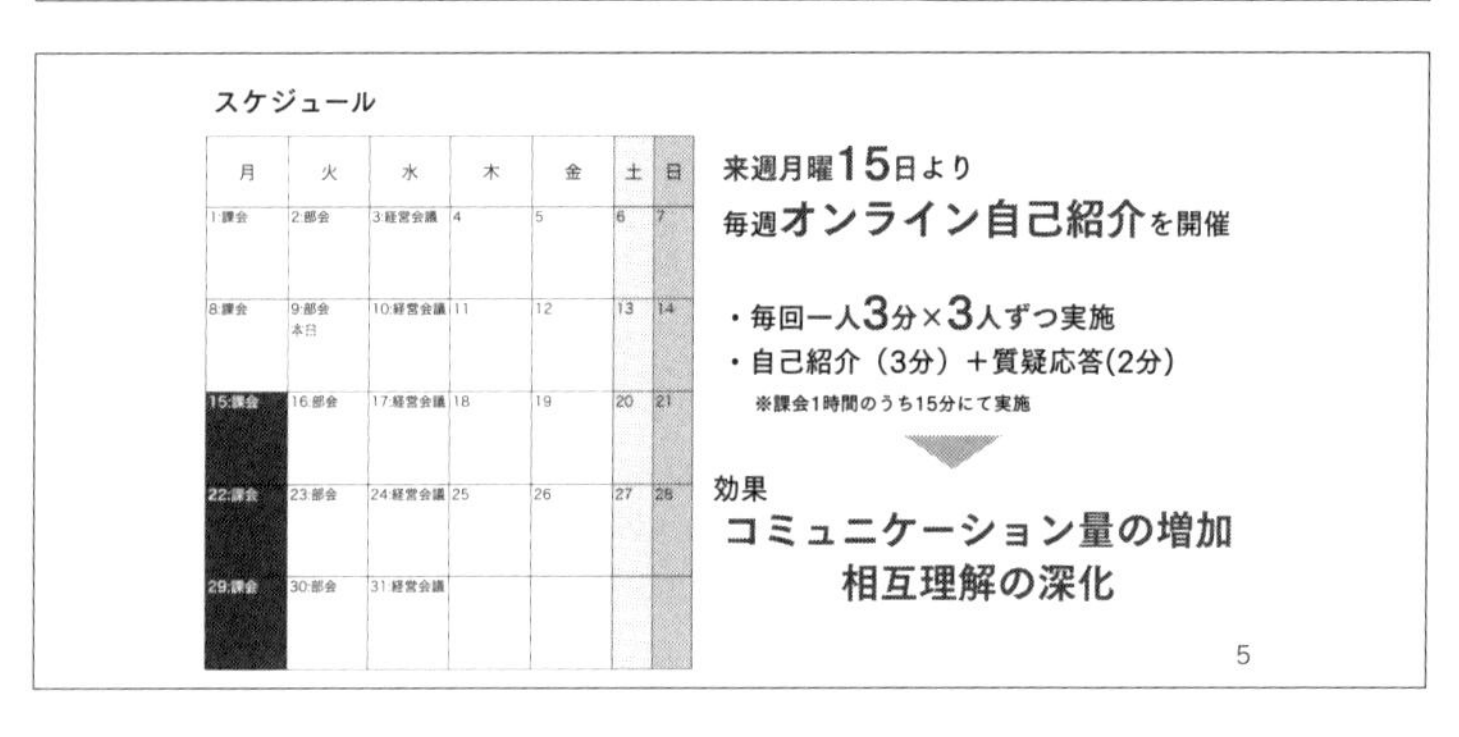

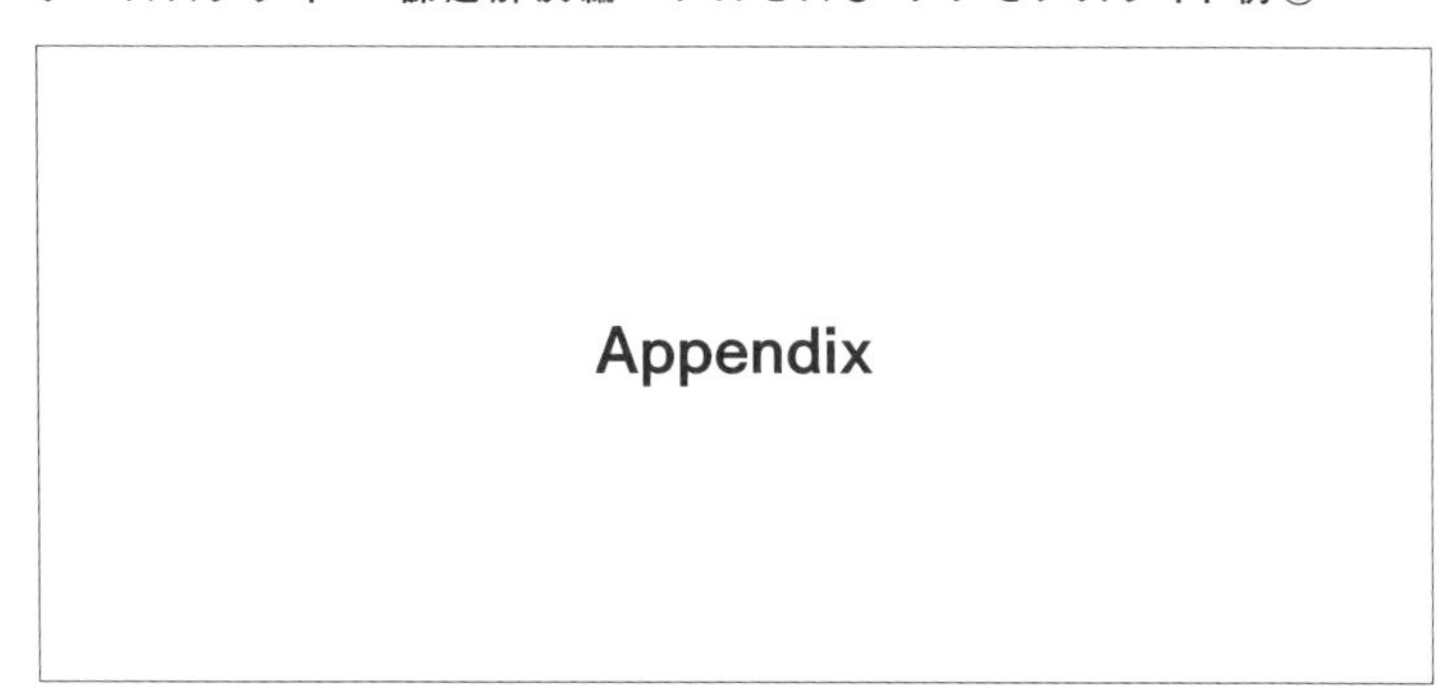
Appendix

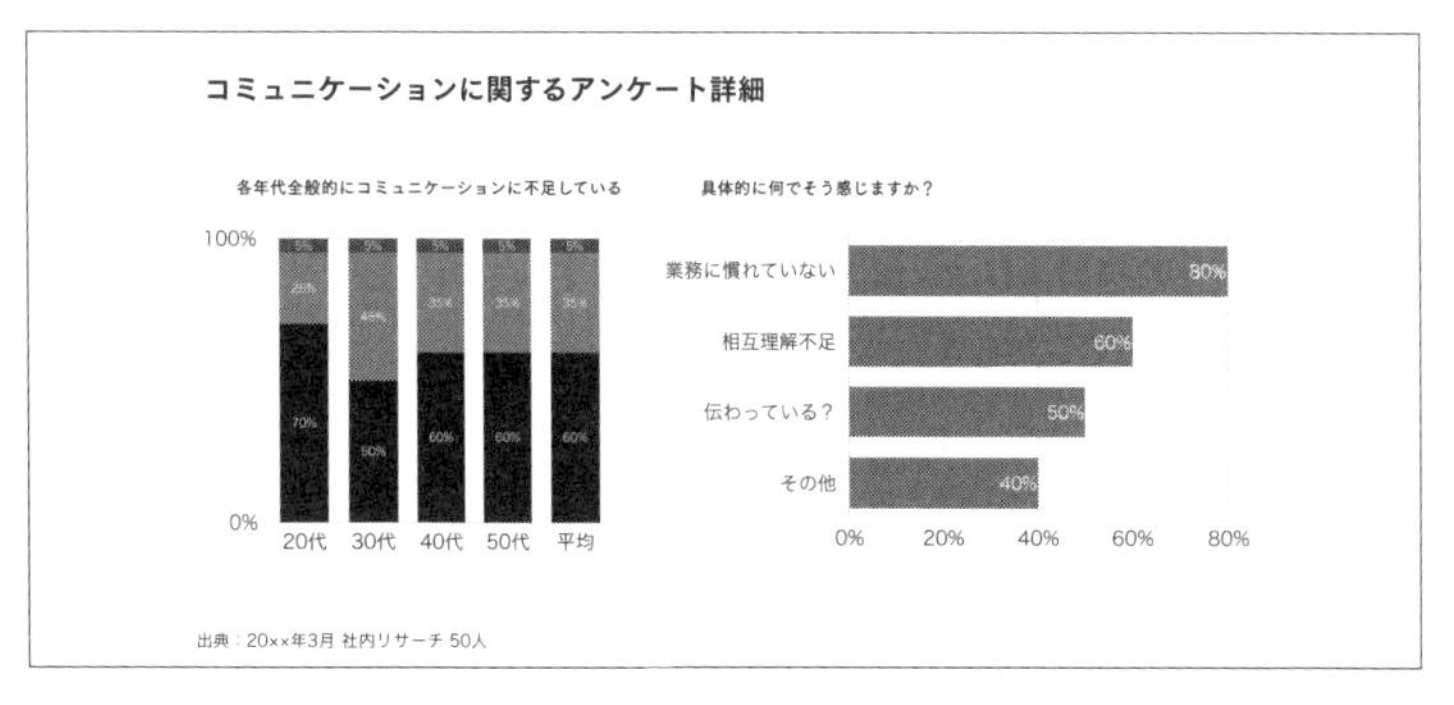
コミュニケーションに関するアンケート詳細
各年代全般的にコミュニケーションに不足している
100%
0%
70%
50%
60%
60%
60%
20代
30代
40代
50代
平均
具体的に何でそう感じますか？
業務に慣れていない
80%
相互理解不足
60%
伝わっている？
50%
その他
40%
0%
20%
40%
60%
80%
出典：20××年3月 社内リサーチ 50人

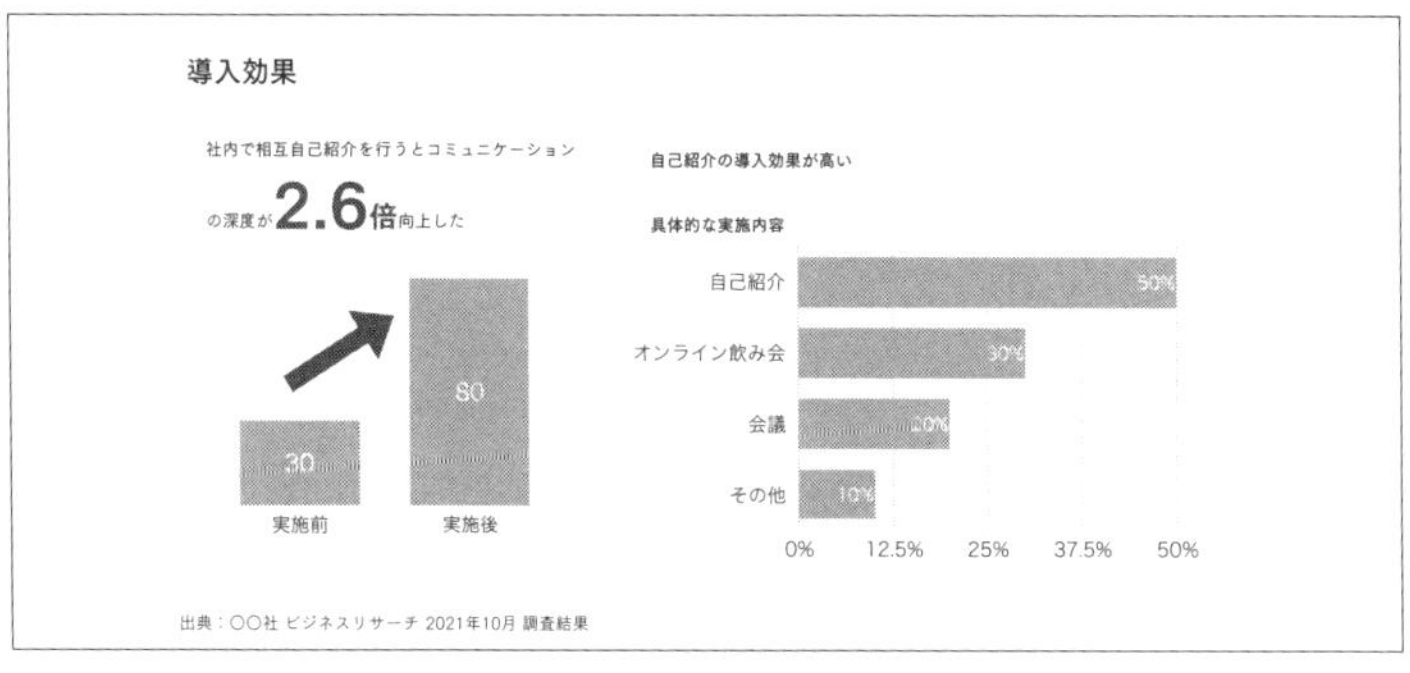
導入効果
社内で相互自己紹介を行うとコミュニケーション
の深度が2.6倍向上した
30
80
実施前
実施後
自己紹介の導入効果が高い
具体的な実施内容
自己紹介
50%
オンライン飲み会
30%
会議
20%
その他
10%
0%
12.5%
25%
37.5%
50%
出典：○○社 ビジネスリサーチ 2021年10月 調査結果

## プロセス4 FAQ作成

### FAQ作成と質疑応答準備

続いて質疑応答の準備に入ります。第三者にプレゼンについての質問をしてもらう前に、まずは自分で「どんな質問をされるか」を考えてみます。例えば次ページの図にある質問を想定し、それに対して、

「1on1や教育担当はちゃんとついて指導もしていますが、やはりそれ以外の人とのコミュニケーションが不足するのです」
「会社ルールでは〝カメラオン〟はあくまで任意です」
「集中合宿やSNSでコミュニティを作るというのも、自己紹介と懇親会以外で考えています。ただ、コロナの影響で集中合宿は避けようと思っています」

といった回答を考えてみます。

また、「本当にこれで解消できるの？」という質問に関しては「自己紹介によって

ケーススタディ〔課題解決編〕

## プロセス4：FAQ作成

### 質問

①1on1はやっていないのか？
②教育担当の社員は指導しているのか？
③カメラをオンにさせればいいのでは？
④自己紹介と懇親会以外で何かないのか？
⑤自己紹介を行うことでコミュニケーション不足が本当に解消できるのか？

### 回答

①やっている→時間、内容など個人差がある
②それぞれの新人に担当がついている
③カメラのオンはストレス軽減も含めて任意にしている
④集中合宿、SNSでのコミュニティ
⑤自己紹介によって双方が自己開示できる（相手の印象に残すことは今後の業務でも重要）

お互い自己開示でき、その後の仕事もやりやすくなると考えています。その根拠となる具体的なデータはこうです」という形で答えるよう準備をしておきます。

## プロセス5 プレゼン練習＋Q&A会議

練習については、実際に自分のプレゼンを録画して、チェックと修正を2、3回やってみましょう。チェックするのは次の5つです。

**①話すスピードが速すぎないか**（話した後で自分の声が耳に届くのが確認できる感覚で）
**②短い文章で話しているか**（一文が長いと伝わらない）
**③フィラー**（えー・あのー・えーっと・など）**がないか**（耳障り）
**④トータルのプレゼン時間**（想定時間内に終えるようにする）
**⑤目線**（資料を見すぎない）

その後、「Q&A会議」で他の人に聞いてもらって質問を受けます。例えば、

ケーススタディ〔課題解決編〕
## プロセス5：プレゼン練習＋Q&A会議

### プレゼン練習：3回

- セルフプレゼン：1回
- セルフプレゼン録画：2回

### Q&A会議

- 第三者とのQ&A：2〜3回

**➡自分では気づけない質問が増える**

**新たな質問**

①効果があるかどうかは、どうやってチェックするのか？
②課会よりもランチの時間を使ったほうがいいのでは？
③2分の質疑応答だと足りないから、もっと質問時間を増やしたほうがいいのでは？

「効果があるかどうかは、どうやってチェックするのか？」

「課会よりもランチの時間を使ったほうがいいのでは？」

「2分の質疑応答だと足りないから、もっと質問時間を増やしたほうがいいのでは？」

という質問が出たとします。ここで出た新しい質問に対する回答を考え、その根拠となるデータをAppendix（↓177ページ）に加えます。回答例としては、

「効果検証についてはZoomの投票機能を使ってチェックすることを考えています。自己紹介の中で一番印象に残ったところを投票できるようにするなど、ゲーム感覚で参加できるようにしたいと思います」

「課会よりもランチという考え方については、別途ランチ会の開催を想定していたので追加して入れることにします」

「2分間という時間については臨機応変に質問の時間を可変させます。なぜなら、どんな自己紹介をされるかによって、出てくる質問が多い人もいれば、少ない人もいるからです」

というように、自分では気づけなかった質問に対する回答案を考えて準備します。

## Q＆A会議での論点

第三者からの質問に対する回答案を考えるとともに、ここで特に意識したいのは、**「課長と合意したアクションの変更がないか」**ということです。

今回の「自己紹介」という結論は、最初に課長と課題感をすり合わせた段階で、「コミュニケーションを円滑にするため、まずは互いの自己紹介を提案しようと思いますがいいですか？」と了解を取って進めてきたわけです。

この案を提示した場合、他の既存社員から「自己紹介は苦手だ」という意見が出たとしても、課長が「やるぞ」と言ったら苦手でも従うでしょう。

しかし、課長が「この課題に対する解決方法は自己紹介じゃないだろう」という朝令暮改の見解を示した場合、根拠となるデータを添えてはいますが、やはり上司の意向には逆らえません。これが懸念点です。

さらに、全社に展開するに当たって会議に付議した際、「今ちょっと建て込んでいて、こんなことやってる暇がない」とか「オンタイムで参加できない人が動画で自己紹介を撮って共有するのはいいけど、動画編集できない人はどうするの?」というクリティカルな質問が飛んできて、会議の場で「比較的時間のある新人だけでいいかも」というように提案内容が変えられてしまった場合のリアクションも考えておく必要があります。その場合、「まずは、新人だけ」というように1歩引くこともあり得ます。

あるいは「とりあえず自己紹介のスライド1枚のみデータで共有」でもいいでしょう。まずはお互いを知ることから始める〝落としどころ〟の想定もしておきます。

ただし、新入社員の情報を知っただけでは、結局お互いにコミュニケーションを取るわけではないので、「新入社員の習熟と業務を円滑にする」という、そもそものゴールが満たせない可能性が残ります。

したがって会議では「時間がない場合でも、最低限1枚の自己紹介シートを作成し、情報の共有にご協力下さい」というように、自分の思った提案が全部通らなくても、目指すゴールに近づけるための「ワンプッシュ」ができるようにしておくことも準備に含まれます。

この例に限らず、会社業務は「上層部の意向をどこまで満たせるか」というところで折り合いをつけていくことが多々あります。「実現できる範囲で実行する」という結果でも仕方ないでしょう。

とはいえ、自分としては「こうしたほうがいい」という念(おも)いは当然あるはずです。問題が解決しない場合は、さらに改善提案を推し進めることを視野に入れましょう。

## プロセス6 Ａｐｐｅｎｄｉｘの充実

質疑応答の練習で出てきた質問、意見を受けてＡｐｐｅｎｄｉｘを補足します。

「効果があるかどうかは、どうやってチェックするのか？」
「課会よりもランチの時間を使ったほうがいいのでは？」
「2分の質疑応答だと足りないから、もっと質問時間を増やしたほうがいいのでは？」

という質問に対して、追加スライドとして、Ｚｏｏｍの投票機能でクイズを出して答えられるかどうかの「確認チェック」の説明スライド。ランチ会の効用としてコロナ

ケーススタディ〔課題解決編〕
# プロセス6：Appendixの充実

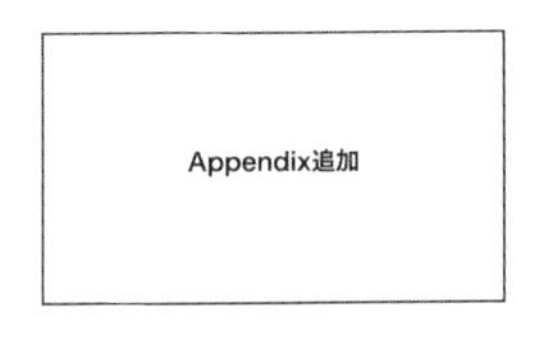


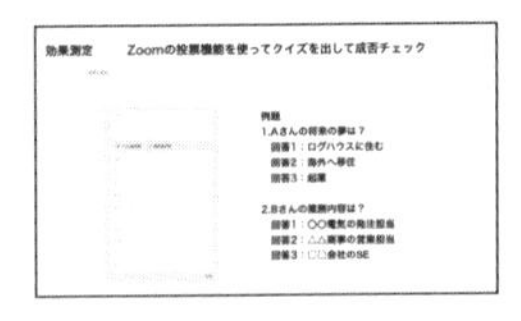


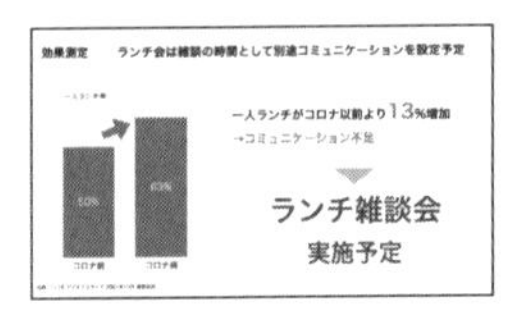


**新たな質問**

①効果があるかどうかはどうやってチェックするのか？
➡投票機能を使用

②課会よりもランチの時間を使ったほうがいいのでは？
➡別途ランチ会を開催予定

③2分の質疑応答だと足りないから、もっと質問時間を増やしたほうがいいのでは？
➡臨機応変に可変させる
➡今後もテーマを変えて継続していく

Appendix追加

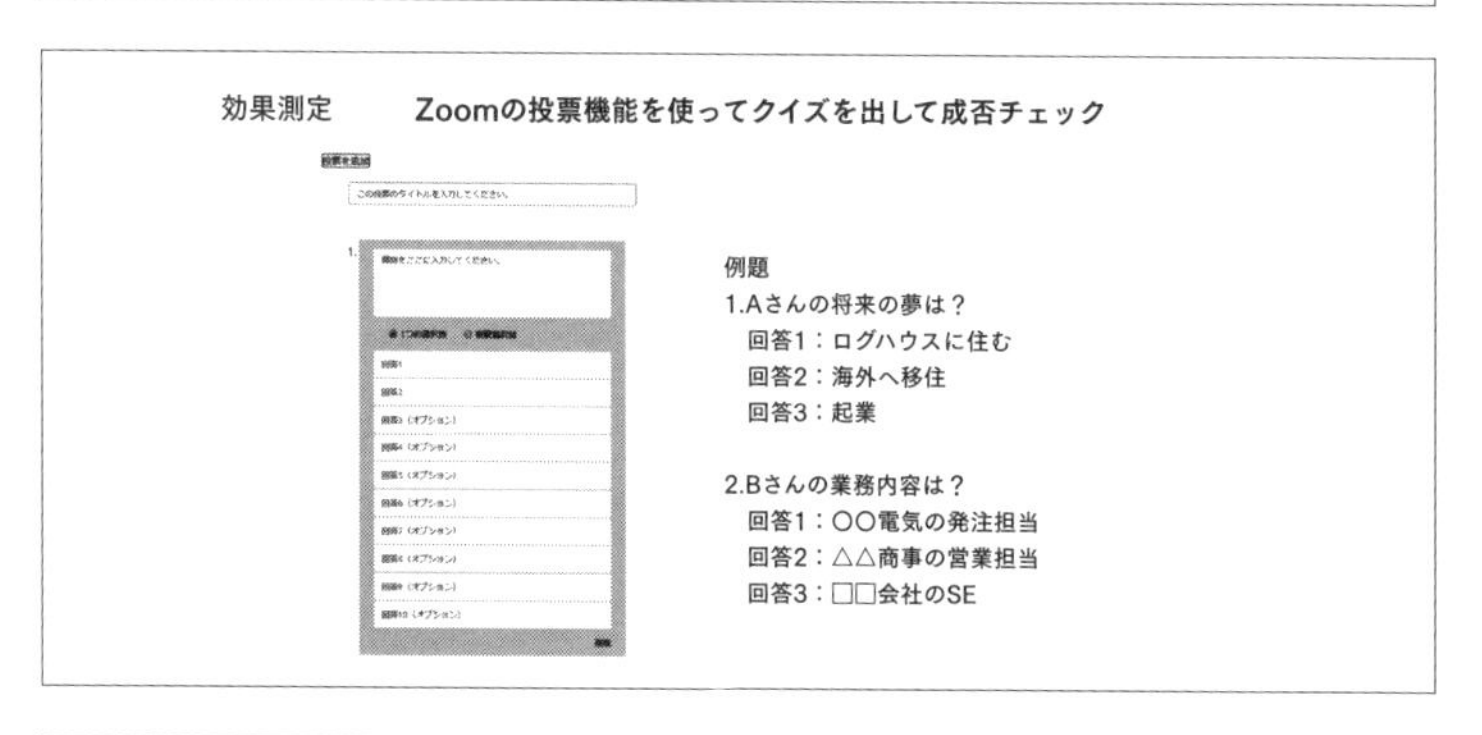
効果測定　Zoomの投票機能を使ってクイズを出して成否チェック
例題
1.Aさんの将来の夢は？
回答1：ログハウスに住む
回答2：海外へ移住
回答3：起業
2.Bさんの業務内容は？
回答1：〇〇電気の発注担当
回答2：△△商事の営業担当
回答3：□□会社のSE

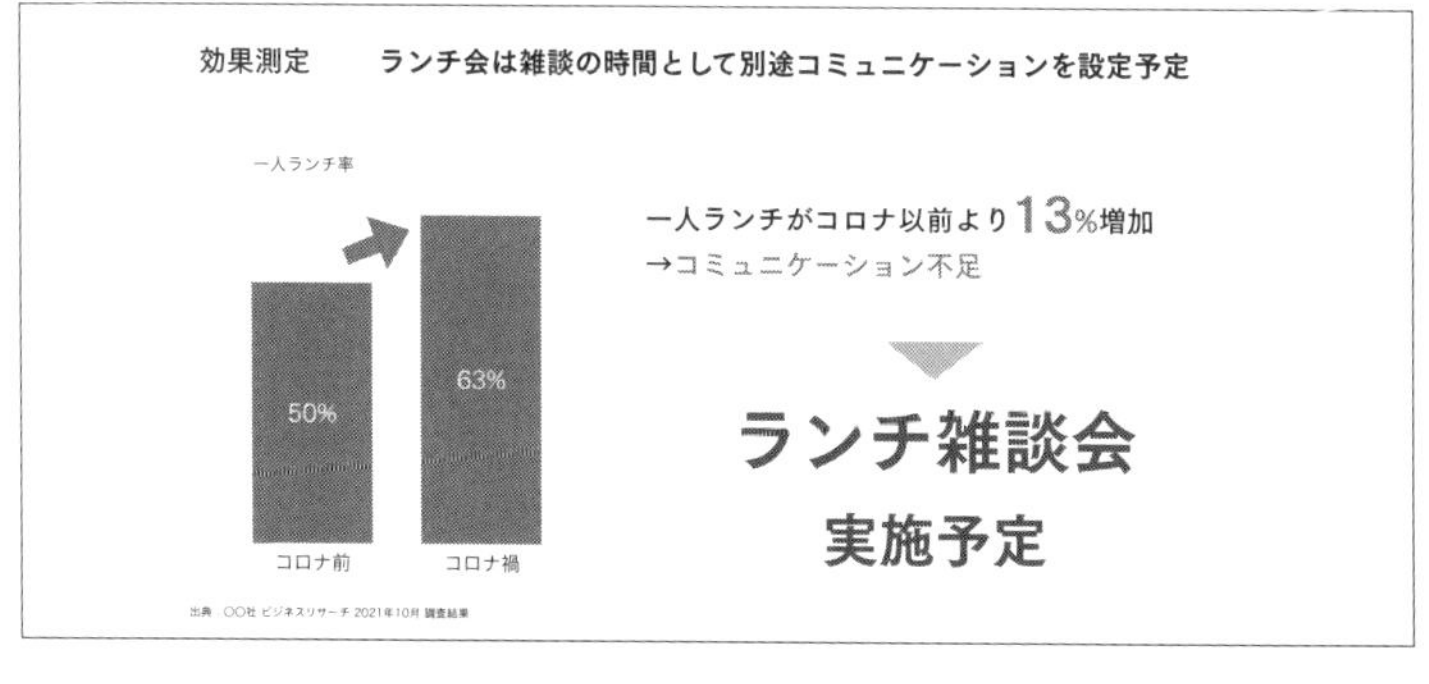
効果測定　ランチ会は雑談の時間として別途コミュニケーションを設定予定
一人ランチ率
50%
63%
コロナ前
コロナ禍
一人ランチがコロナ以前より13%増加
→コミュニケーション不足
ランチ雑談会
実施予定

前とコロナ禍の比較で、一人ランチ率が増えているという調査データのスライドを用意しました。

ここまでのプロセス1〜6を踏まえて実際に活用すると、社内プレゼンの作り方や準備の流れと方法が、あなたのスキルに加わるはずです。

# 社内プレゼンFAQチェック&アクションリスト

**取るべきアクション、言い方の例**

- 相手の見解を聞き、個別対応する。後日、再提案も
- 方向性のみ決裁を仰ぐ
- 感情的な対応はしないよう注意
- 本音として、「責任を取りたくない」「自部署の負担が増えるのが困る」という心情がある場合も

「本件については、○○という意義があると考えています。理由は○○です」

「ご質問の意味は『○○についての意義を再確認せよ』ということよろしいでしょうか。検討して再提案いたします」

- 相手の見解を聞き、個別対応する。後日、再提案も
- 方向性のみ決裁を仰ぐ
- 感情的な対応はしないよう注意
- 傾聴して検討すべき場合もあるので、しっかり根拠や理由を聞き、長くなる場合は個別対応か、いったん差し戻して検討、再提案も
- 自分の立てた仮説と検証過程を説明するなど、抜け漏れなく考え尽くしたことを説明する

「本件については、○○という方法ではうまくいかないと考えています。理由は○○です」

「ご質問の意味は『○○という方法も再確認せよ』ということよろしいでしょうか。検討して再提案いたします」

- プレゼン本編で説明し、さらに質問が出たら根拠となるデータやエビデンスをAppndixで示す

「この提案のメリットは○○です。理由は△△で根拠は□□です」

「この提案のデメリットは○○です。理由は△△で根拠は□□です」

「この提案を実施しなかった場合のデメリットは○○です。理由は△△で根拠は□□です」

- 企画意図、提案意図をしっかり伝える準備をしておく

「この提案のメリットは○○です。理由は△△で根拠は□□です」

「この提案の顧客メリットは○○です。理由は△△で根拠は□□です」

「この提案の顧客ゴールは○○です。理由は△△で根拠は□□です」

### 社内プレゼンFAQチェック＆アクションリスト

| 質問 | 質問の場面・意図・背景 |
| --- | --- |
| **①そもそもチェック** | |
| **「そもそも、やる意味あるの？」** | 意志決定の場で「そもそも論」を持ち出すのは、本質的に提案内容がイケてない場合。ただし、中には自己アピールをする人もいる。 |
| **「そもそも、その問題は既にある他の方法で解決できるのでは？」** | 今回提案された方法ではなく、既存の技術や方法でできるのではないかという指摘。 |
| **②メリデメチェック** | |
| **「この提案のメリット／デメリットは何？」**<br>（主に社内のメリット／デメリット） | 提案を実行した場合／しなかった場合のメリット／デメリットを知りたい。 |
| **「これをやるメリットは？」**<br>**「お客様のメリットは？」**<br>**「お客様のゴールは何？」**<br>（主に顧客のメリット／顧客成功など施策実行の意義・効果） | 社内施策、販売企画などの提案で、目指す最終地点や帰着にどんなメリットがあるのかを確認したい。 |

## 取るべきアクション、言い方の例

・**プレゼン本編で説明し、さらに質問が出たら根拠となるデータやエビデンスをAppndixなどで示す**

「この提案を実行する時のリスクは◯◯です。理由は△△で根拠は□□です」
「この提案を実行しなかった時のリスクは◯◯です。理由は△△で根拠は□□です」

・**準備ができている場合の答え方**

「大丈夫です。理由は◯◯で根拠は△△です」

・**準備ができていない場合の答え方**

「申し訳ありません。それは想定していませんでしたので、検討してから改めて提案したいと思います」（指摘点を確認して再提案へ）

・**定量的なエビデンスを示す**
・**見通しについては、①アグレッシブ（攻撃的）シナリオとコンサバティブ（保守的）シナリオでの定性予測＋定量予測　②それぞれのアクション＋実現可能性　③アクションの準備などを示す**

「過去◯◯からの推移は□□です」「過去実績は◯◯です」「過去の失敗原因は◯◯で、今回は□□という対策を講じているので、上手くいくと思います」

「現状は◯◯です」「過去（前回対比、前年比）と比較して◯◯です」

「今後の見通しとしては◯◯です。根拠は△△です」

| 質問 | 質問の場面・意図・背景 |
| --- | --- |
| **③リスクチェック** | |
| 「この提案を実行する際のリスクは何？」<br>「この提案を実行しなかった際のリスクは何？」 | 提案を実行した場合のリスク、実行しなかった場合のリスクを知りたい。 |
| 「…という懸念に対してはどう考えるか？」 | リスクヘッジ策を聞きたい。 |
| **④時間軸チェック** | |
| （過去推移）<br>「過去からの推移はどうなっているの？」<br>「過去の実績は？」<br>「過去に同様のものをやったけどうまくいかなかったが？」（類似のことをやる理由は？）<br><br>（現在の状況、過去対比）<br>「現状は？」<br>「現状は過去と比べてよくなっているの？ 悪くなっているの？」<br>「現状は他社と比べていいの？ 悪いの？」<br><br>（未来・今後の予測・見込み）<br>「今度どうなりそうなの？」 | 過去・現在・未来の状況を比較、検討したい。<br>見通しを知りたい。 |

## 取るべきアクション、言い方の例

・定量的なエビデンスを示す

「現状◯◯の期日で進行しています。もし△△とすれば、□□の要件をクリアすることが必要で、予算が2倍になります。つきましては☆☆の決裁をしていただけますか」

・別のバージョン、代替案も見せられる準備をしておく
・選択させるのであれば、2～3択を見せて、その中の1つをレコメンドとして示し、意見を仰ぐ
・あまり選択肢が多いと選べなくなるので案は2～3つに絞って提示する（ジャム瓶の法則）

「詳細なデータについてはお手元の資料をご覧下さい。（以下説明）」

・前例の分析および対策を準備
・今と過去とは違うことや、ステークホルダーが変わったことなどを伝える

「環境は変わり、昨年と今年の施策ではリモートワーク率も違うので、同じ施策であっても反応が違います」

「前回とは競合の状況が違います」

「前回は◯◯が理由だと分析しました。今回は当時と違い、△△なので大丈夫だと思います。根拠は□□のとおりです」

・過去の事例、確率論。確率・確度の根拠を提示する
・別案との比較、対象、選択根拠を考えていれば提示する
・なければ取り下げも視野に入れる

「大丈夫です。理由は◯◯で、根拠は△△だからです」

・相手の見解を聞き、個別対応する
・後日、再提案も
・方向性のみ決裁を仰ぐ
・感情的な対応はしないよう注意
・否定的な意見の本音として、「責任を取りたくない」「自部署の負担が増えるのが困る」という心情がある場合も
・相手に「否定する根拠」を示してもらい、最終的には決裁者の判断に委ねる

「このタイミングで行きたいと思います。理由は◯◯です」

| 質問 | 質問の場面・意図・背景 |
| --- | --- |
| 「これはいつまでにできるんだ？」<br>➡「もっと早く、～に間に合うようにできないのか？」<br>「～でできる方法はないのか？」<br>➡「間に合わせるように検討してくれないか」<br><br>「なぜ、期日を前倒してできないんだ？」<br>➡「もっと早くできないのか？」<br>（データ、エビデンスを問われた時） | スケジュール的に早くしたい。<br>投入時期を早めたい。<br>代替案を知りたい。 |
| 「前にもやったけど、上手くいかなかったな」<br>「前は上手くいったが、今回はどうだろう」 | 前例を気にする心理。<br>他社、過去比較で自分が失敗した経験がある場合。 |
| 「なぜこのタイミングなんだ？」<br>「これ、今なのかな？」<br>「何となくだけど、今は辞めたほうがいいと思うんだよね」 | 投入時期やタイミングの検討に疑問がある場合。<br>理由や根拠を挙げず、質問自体がロジカルでない、何となくの否定・断定的な否定意見。 |

## 取るべきアクション、言い方の例

**・他社分析を十分にして臨む**

「他社の場合は〇〇という理由で△△という施策が採られていると考えます。それに対して当社は□□なので、今回の提案が有効だと考えます」

**・何を「軸」にして、この施策を提案することにしたのか意図を確認**
**・企画意図を知ることで、決裁者側の理解が足りていない部分を補足しようという意味合いもある**

「今回A・B・C案を選択肢として挙げ、それぞれについて、予算・納期・完成度・テスト結果・モニターによるアンケート・他社比較の観点から検討した結果A案を採用しました」

**・相手の見解を聞き、個別対応する**
**・後日、再提案も**
**・方向性のみ決裁を仰ぐ**
**・感情的な対応はしないよう注意**

「今回A案を推奨する理由は〇〇です。根拠は△△となります。B案ですと次のリスクが想定されます……」

**・定量的なエビデンスを示す**

「現状〇〇の予算で進行しています。もし△△とすれば、□□の要件をクリアすることが必要です。つきましては☆☆の決裁をしていただけますか」

| 質問 | 質問の場面・意図・背景 |
|---|---|
| ⑤比較チェック | |
| 「他社と比べてどう？」<br>「業界平均と比べてどう？」<br>「異業種と比べてどう？」<br>「異業種で同様のことをやってうまくいかなかったが？」（自社でやる理由は？）<br>「他にこういう考え方があるが…」<br>「他社ではこういう取り組みをしているようだがそれに対してはどう思う？」 | 提案の多方面検討を確認するもの。<br>比較検討結果を知りたい。 |
| 「この提案の意図は何？」<br>➡「複数の選択肢の中から、なんでこの案にしたの？」<br>➡「その根拠は？」 | なぜ、その提案に至ったのかという理由。背景に「不信感」または「いいところを引き出そうとする意図」もあり。 |
| 「それなら、…のほうがよくないか？」<br>（例：「それなら○○をターゲットにしたほうがよくないか？」） | 根拠を出して言われると、その根拠を論理的に覆す必要があるが、思いつきの場合は「仰るとおり、そういった考え方もありますが～という理由で、今回は次点としました」のように理由があればOK。 |
| 「これはもっと安くできないのか？」<br>➡「もっと安く、～でできないのか？」<br>「～で済む方法はないのか？」<br>➡「この範囲でできるように検討してくれないか」 | 費用を安くしたい。経費を下げて頒布価格を下げたい。<br>代替案を知りたい。 |
| 「予算の根拠は？」など、データ、エビデンスを問われた時 | 言表したことの理由や根拠、証明を求められる場合。 |

## 取るべきアクション、言い方の例

- 別のバージョンも見せられる準備をしておく
- 選択させるのであれば、2～ 3択を見せて、その中の1つをレコメンドとして示し、意見を仰ぐ
- あまり選択肢が多いと選べなくなるので、案は2～ 3つに絞って提示する（ジャム瓶の法則）

「考え得る最適な選択肢だと思います。理由は〇〇です。根拠は△△となります」

- 定量的なエビデンスを示す
- 競合他社案との差別ポイントを示す

「今回の勝ち筋は〇〇です。理由は□□で、その根拠は△△となります。勝算は☆%とみています。その根拠としては★★という理由からです」

- 事前に確認して問題ないことを伝える
- 「基本的に問題ありません」と答えられる準備をしておく
- 相手の部署に影響がある場合は、事前にネゴシエーションしておく
- 問題がある場合は、プレゼンの中で「今回ご相談したいこと」として、「今の現状だと進行上まずいです」「今のまま行くと、予算がこれぐらいショートするので、この予算を承認してください」といった「課題感」を明確にしたプレゼンにしておく必要がある
- 問題がない場合は、順調であることが理解できるスライドになっている必要がある

「関係各部署に確認しましたが問題ありません」

- 対策を提示。理由も

「インパクトは〇〇になります。理由は△△です。□□と連携してアクションします」

| 質問 | 質問の場面・意図・背景 |
| --- | --- |
| 「本当にそれだけ？」<br>「これがベストと言える理由は？」<br>➡「なぜそう言えるの？」 | 腹案、対案を持っている場合もあるが、多くの選択肢の中から検討したのかを知りたい。 |
| 「この提案の勝ち筋は何だ？」<br>➡「なぜこれが上手くいくと言えるのか？」<br>➡「その勝算はどの程度？」<br>➡「その根拠は？」 | コンペなどに備えた社内確認の場で、他の提案に勝てるストーリーを説明することを求められる。 |

⑥相手の立場チェック

| 質問 | 質問の場面・意図・背景 |
| --- | --- |
| 「スケジュールは大丈夫なのか？」<br>「予算はそれで足りるのか？」 | リソース面での確認。足りない場合のリスクヘッジ。 |

⑦未来イベントチェック

| 質問 | 質問の場面・意図・背景 |
| --- | --- |
| 「20××年オリンピック、パラリンピックが実施される時の影響は？」<br>「20××年の○○万博が開催される時のビジネスチャンスは？」<br>「5G が普及する頃にとるべきアクションは？」<br>「自動運転が当たり前になった時のわれわれのビジネスインパクトは？」 | 将来のイベント、社会変化に対する選択肢を聞きたい。 |

## 取るべきアクション、言い方の例

**・「もし～の場合」の想定は可能な範囲で行っておく**
**・「Q&A会議」でなるべく洗い出すようにする**

「もし、〇〇が生じた場合は、□□という選択肢を想定しています。理由は〇〇です。根拠は△△となります」

**・各々の項目については、可能であれば定量的なエビデンスを示す**

「SWOT分析の結果は次のとおりです。『強み』の理由は〇〇です。根拠は△△となります」など。

**・補足説明をする**

「わかりました。補足説明をしますのでこちらのデータをご覧下さい」

**・補足説明をする**

「詳細な数字についてはこちらのデータをご覧下さい。（以下説明）」

「詳細なデータについてはAppendixをご覧下さい。（以下説明）」

**・最初に結論➡理由➡根拠（データ）の順で話す**
**・根拠となるデータをAppendixなどで詳細に**

「詳細なデータについてはこちらのデータをご覧下さい。（以下説明）」

| 質問 | 質問の場面・意図・背景 |
| --- | --- |
| 「…という場合はどうなんだ？」<br>「もし…が起きたらどうするんだ？」<br>➡「それに対してどうするつもりだ？」<br>「有効な方法は考えてあるのか？」 | 「If～」を聞かれる場合は社内とのすり合わせや業務負担に対してどのような手立てを用意しているのかを確認する場合と、天候などのコントロールしづらい外的要因に対するリスクヘッジを聞いておきたいという意図がある。または見立てよりも結果が悪い場合、どういう対策を考えているかなどを知りたい。 |
| **⑧マーケティングチェック** | |
| 「3C分析／5フォース分析／SWOT分析＋クロスSWOT分析／STP分析／4P分析／バリューチェーン分析などについてはどうなんだ？」 | マーケティング視点からの分析を知りたい。 |
| **⑨根拠データチェック** | |
| 「ここ、もうちょっと詳しく説明してくれ」 | 説明・主旨が伝わりにくい場合。質問者が知りたいポイントを確認して再度説明する。 |
| 「数字で証明してくれるか？」<br>「具体的に言うと？」<br>など、データ、エビデンスを問われた時 | 言表したことの理由や根拠、証明を求められる場合。 |
| 「費用対効果はどうなんだ？」<br>➡「その見通しは大丈夫なのか？」<br>➡「根拠は？」<br>「費用の回収見込みは？」<br>➡「費用の根拠は？」<br>「本当に回収できるのか？」<br>➡「ちょっとかかりすぎじゃないか？」<br>「その見込みは甘いんじゃないか」 | 費用対効果の見積、見通しを確認したい。 |

## 取るべきアクション、言い方の例

・定量的なエビデンスを示す

「結論としては○○だと考えています。根拠は△△で、確度は□□と考えています」

・最初に結論➡理由➡根拠（データ）の順で話す

「要点は○○です」「成功要因は○○で理由は△△です。それに対する根拠は□□です」

・定量的なエビデンスを示す。
・リアルなターゲットへのインタビュー例を紹介する

「詳細なデータについてはこちらのデータをご覧下さい。（以下説明）」

・定量的なエビデンスを示す
・過去の実績、他社事例を示して安心感を持たせる
・iPhoneの例を出して、「ユーザーが想像できないものだから売れる」ことを引き合いに出すなどの方法を取ってみる

「顧客としては○○を見込んでいます。根拠としては△△で、確度は□□と考えています」

・最初に結論➡理由➡根拠（データ）の順で話す

「結論は○○です」「要点は○○です」

・まちがっている場合は「ありがとうございます」の感謝とともに素直に修正

「（まちがっていた場合）大変失礼しました。ご指摘のとおりです。○○に修正します」

「（正しい場合）こちらはこのとおりで、まちがいありません」

| 質問 | 質問の場面・意図・背景 |
| --- | --- |
| 「（提案した内容について）その見立ては甘いんじゃないか」<br>➡「その根拠は何だ？」 | 提案の前提となった数値、データの根拠、確度を知りたい。 |

⑩最終チェック（企業理念の照合以外）

⑩-1 勝因・成功の見込みを知りたい

| 質問 | 質問の場面・意図・背景 |
| --- | --- |
| 「キモは何なんだ？」<br>「何が大事なんだ」<br>「成功要因は何だ」 | 説明が要領を得ない。 |
| 「どの程度のインパクトがあるんだ？」 | 勝算を知りたい。具体的な数字を出して予測を検証したい。 |
| 「誰が買うんだ？」<br>➡「本当に売れるのか？」<br>➡「お客さんが買う理由は？」<br>➡「何社ぐらいの受注が取れるんだ？」 | 背景には提案に対する否定的見解、あるいは「見立てが甘いからもう少し検討しろ」という意図がある。<br>ターゲットに向けた効果的なPR方法やキャッチーな商品名を検討・評価したい。 |

⑩-2 結論を求める

| 質問 | 質問の場面・意図・背景 |
| --- | --- |
| 「結論は何？」<br>「要は何なんだ？」<br>➡「結論を先に言ってくれ」<br>「言いたいところを端的に話してくれ」 | スライドが拙い。一番言いたいことは何かを確認したい。<br>提案の本筋が見えない、各論に踏み込みすぎている場合。<br>「アクションとして何を求めているのか」がわかりにくい場合など。 |

⑩-3 まちがい指摘

| 質問 | 質問の場面・意図・背景 |
| --- | --- |
| 「これ、まちがってるんじゃないの？」 | 資料やスライドの不備、まちがいを指摘する言葉。 |

## 取るべきアクション、言い方の例

**・自分の説明の落ち度を認め、訂正する**

「説明が不十分だったようなので、改めてポイントを説明いたします」

**・正しく訂正する**

「ありがとうございます。誤解があったようなので、改めてポイントをご説明します」

**・先延ばしの同義に対する具体的な理由や根拠を聞く**
**・その上で合理的理由があれば再検討へ**
**・特に合理的な理由がないと判断したらクロージングへ**

「これ以上議論を継続することによるチャンスロスは○○○万円です。テストトライアルとして△△エリア限定で実施するのはいかがでしょうか」

「実施しないことのリスクは、競合のシェア増につながることが予測されます。この案件でなくても、何らかの施策を来月には実施すべきですが、議論継続ですと間に合いません。ぜひ一緒にアクションをご検討いただけませんか?」

**・プレゼンターではなく、他の参加者に向けて発言した場合の対応**
**・プレゼンターはファシリテーションを行わないので、自らこの発言はしない**
**・「よろしいでしょうか?」で合意を促す**

(ある程度意見が出て議論になった場合、頃合いを見計らって)「それでは、この件については○○ということでよろしいでしょうか」

**・事前に各セクションにてネゴシエーションを行なっておくのが大前提**
**・忘れていて聞いていないという場合もあるので、端的に伝え、発言者の部署の現場には確認していることを伝えて安心してもらう➡拗(こじ)れそうな場合は「個別に相談させてください」としてその場を収める**

「失礼しました。ではここで説明いたします。(その場で説明する場合)」

「すみませんでした。では改めて付議することにいたします。(無理をしない場合)」

**・相手の提案内容や理由、意図、根拠を確認してみる**
**・提示された内容がよければ素直に受け入れる。リソース、タイミングを見て実現可能性が高いほうを取捨選択できるようなエビデンスを用意して、その日、もしくは後日決裁を仰ぐ**

「ご提案の理由を詳しく教えていただけますか?」

「今回は提案させていただいたもので行きたいと思います。理由は○○だからです」

| 質問 | 質問の場面・意図・背景 |
| --- | --- |
| 「（提案者の内容、意図が誤解されている場合）」 | 単純に誤解・伝わっていないので補足・訂正する |
| 「それはつまり、…（まちがった解釈）ということでいいかね？」 | 誤解している場合／わざとそう言っている場合（より深くわかりやすく説明を求める）。 |

⑩-4 アピール

| 質問 | 質問の場面・意図・背景 |
| --- | --- |
| 「もう少し議論したほうがいいのでは？」<br>➡「まだアイデアが出そろっていないと思います」<br>➡「とりあえずいったんペンディングしましょうか」 | 決裁の先延ばしを促す提案 |
| 「他のみなさんはどう思いますか？」 | 決裁層の同意、判断内容を引き出したい。賛成を促す場合も反対を促す場合もある。 |
| 「この話、オレは聞いてないんだけど」 | 事前のすり合わせ不足。<br>よくありがちな自己アピール。 |
| 「それより、こうしたほうがいいんじゃないか？」 | 自分のアイデアに引き寄せようとするケース。自己アピールの場合も。 |

## 取るべきアクション、言い方の例

- 「架空の群衆」論法への対処法。具体的な氏名を挙げてもらい、確認を取りに行くことを確約するなど
- 事前に現場を巻き込んでおく
- スモールステップで決裁ポイントを刻む
- iPhoneの事例：「ジョブスもイノベーションを起こした時には反対もされてましたから」などの説明法を工夫してみる
- FACTや同意、了承を取ればOKということを確認する

「わかりました。では現場（クライアント）が了解ならOKですね。（確認を取る）」

「わかりました。では○○が担保できればOKですね。（確認を取る）」

- どんどん話をさせる
- 上司が自分のプレゼンを盗んだと思わず、上司の手柄にして出世してもらえば自分にも恩恵があると考える

- 安心感を与えられる回答をする。（誰々がいるなら大丈夫）
- メンバー構成は信頼を勝ち取る重要なパーツ

「チームのメンバーは○○、△△、□□…です」

- 「人」ではなく「事柄」「事案」の内容、決議にフォーカスする

「ありがとうございます。今回私がチャンスをいただくことになりましたのでよろしくお願いします」（感情的になるのではなく、ポジティブに切り返す）

「上司の□□さんに推薦していただいて、今回担当することになりました」

「（不在者である○○部長の件はコメントしないで聞き流す）」

| 質問 | 質問の場面・意図・背景 |
|---|---|
| 「われわれが決断しても当社はこれでいいけど、現場の担当部署やクライアントは同意しないんじゃないか？」<br>「われわれはいいんだけど、上司がなあ…」<br>「現場はいいけど上がどう言うかな…」 | 「架空の群衆」論法。<br>自分の意見、反対として述べるのではなく、いるかどうかが不明な賛同者、反対者を架空に想定し、その人たちの意見として反対を表明する方法。 |
| （直系上司がプレゼン途中に、ちょいちょい口出しをしてくる場合） | 自己アピール。（上司に総論を話させ、各論は自分で話すなど） |

⑩ -5 発表者の熱意・胆力を確認

| 質問 | 質問の場面・意図・背景 |
|---|---|
| 「キミ以外はどんなメンバーなんだ？」 | 実行性において業務遂行力を確認したい。 |
| （コメントが自分や不在者の個人攻撃になる場合）<br>「キミ以外に担当はいないのか」<br>「キミが提案することを誰が推薦したんだ？」<br>「○○部長は…なんだよな」 | プレゼンにあたり、プレゼンターやその場にいない人物（プレゼンターを推薦した人物など）の個人攻撃を始める場合。 |

## 取るべきアクション、言い方の例

- 提案者は反証、反論の伝え方をチョイスする必要がある
- 「別の観点」から切り口を変えて説明
- 比喩を使って表現していく（時々用いる程度に）

「やるべきではないという理由をお聞かせくださいますか」

「具体的にどういったご見解をお持ちですか?」

「厳しいのは重々承知なんですけれども、サッカーに喩えて言うと、今、ハーフタイムが終わって、後半で1対1だとします。このままズルズル行くよりは仕掛けたほうが点を取れるチャンスが広がりますよね。ここで守りに徹したら絶対に点を取られますよ」などの比喩表現を使ってみる。

- 相手の見解を聞き、個別対応する
- 後日、再提案も
- 方向性のみ決裁を仰ぐ
- 感情的な対応はしないよう注意
- 否定的な意見の本音として、「責任を取りたくない」「自部署の負担が増えるのが困る」という心情がある場合も
- 相手に「否定する根拠」を示してもらい、最終的には決裁者の判断に委ねる

「このタイミングで実施したいと思います。理由は◯◯です」

- 次善策を提示。理由も

「次点の提案としては◯◯になります。理由は△△です」

- 質問が曖昧なので、具体的に「不安な点」を確認する

「具体的にどういった点が問題だとお考えでしょうか?」

- 例を出して論証する

「他社事例では…、また、過去の類似のアクションでは…」

- 必要とするデータ、情報を用意する

「わかりました。補足説明をしますので、こちらのデータをご覧下さい」

- 基本的に異論がなければクロージング

「特に問題なければこれでよろしいでしょうか」

| 質問 | 質問の場面・意図・背景 |
| --- | --- |
| **⑩-6 その他・回答できない質問** | |
| 「うーん、厳しいな…（以後、説明ある場合もない場合も）」 | 過去の経験から、同じような失敗をしたくないという気持ち。 |
| 「他にもっとやるべきことがあるんじゃないの」<br>「うちがやる必要ないんじゃないの」<br>「そこがちゃんと言語化できてないと厳しいね」<br>「言っている意味わかる？」 | 投入時期やタイミングの検討に疑問がある場合。<br>理由や根拠を挙げず、質問自体がロジカルでない、何となくの否定・断定的な否定意見。 |
| 「この提案が否定された場合はどうするのか？」 | 提案内容に不満がある。または念のために他の選択肢を聞きたい。 |
| 「これで決断しろというのか？」<br>「どうなんだろう？」<br>➡「ちょっと根拠が薄いよね」<br>「もう少し確度の高いデータが欲しいところだな」 | 決裁材料として不足があると感じる場合。 |
| 「…（沈黙）」 | プレゼン後に考えているタイミング。 |

## 取るべきアクション、言い方の例

**・事後対応、またはやり直しを宣言**
**・スピードアクション**
「申し訳ありません。それは想定していませんでしたので、検討して改めて次回、再提案したいと思います」

**・問いの意図、意味を確認**
「すみません。言葉の意味がわからなかったので教えていただけますか」

**・端的に伝える。説明やプレゼンを短くして質疑応答に入る**
**・一点だけ相談する**
**・重要でない場合、優先順位が低い場合はメールで確認も可**
（説明を短く切り上げる）

「では、説明を終えて質疑応答に移りたいと思います」

「それでは決裁をお願いしたいと思いますが、よろしいでしょうか？」

**・状況を見ながらファシリテーターとして収束する（例外的）**
**・方向性だけ決める**
**・総論OKをもらう各論を調整する**
（ある程度意見が出て議論になった場合、頃合いを見計らって）「それでは、この件については○○ということでよろしいでしょうか」としてクロージングする。

**・その場では自分の感情を抑えて収める**
**・ハシゴを外されたことに腹を立てるより「貸しを作れた」とポジティブに捉えてみる**
「わかりました。では角度を変えて改めてご提案します」

**・最初に結論➡理由➡根拠（データ）の順で話す**
**・根拠となるデータをAppendixなどで詳細に**
「（胆力・強い意志・やり切る情熱を併せて伝える）」

| 質問 | 質問の場面・意図・背景 |
|---|---|
| 「(想定外で、その場で答えられない質問)」 | 特殊な社内事情や慣習、取引先の都合など、事前に想定・入手し得なかった前提条件などが提示された場合など。 |
| 「(質問の意味がわからない場合)」<br>例：カタカナ用語<br>「BtoB と、BtoC のどちらを…」<br>「今後はダイバーシティが重要になりますから…」<br>「クロスコミュニケーションがデフォルトに…」<br>「メタファーとしてファストフードをイメージして…」<br>「UX を高くする必要が…」<br>など | 質問者の意図や質問の内容がわかりにくい場合。 |
| (話を聞くのを止める、パソコンで作業をし出す、資料を見ない) | ノンバーバルに「否定」を態度で表す。 |
| (プレゼンターを差し置いて、参加者同士で議論し出す) | 参加者同士で話が盛り上がったり、議論が発熱した時。 |
| (ハシゴを外された時) | 上司や、自分の味方だった人が、質疑応答で否定的なムードになったとたん、プレゼン提案や内容を否定しだした時。 |
| 「で、どうするの」(と言われた時) | スライドがわかりにくい。<br>アクションが示されていない。<br>次のアクション、行動を確認したい。 |

# おわりに

最後まで読んでいただきありがとうございました。

あなたが手に入れた「質疑応答術」は、社内で決裁を取る際に必須のスキルです。

そしてこの「質疑応答術」は、ビジネスにおけるプレゼンだけでなく、人生において誰かと会話を交わす中で、相手からの信頼を得るための重要なコミュニケーションツールだと私は思っています。

人生において、誰かと一緒に事柄に向き合うことは、必ず訪れます。

そんな時にお互いの距離を縮めてくれるのは、いつだって相手のことを理解しようと思う気持ちです。

それに対して、「自分が何を伝えたいのか?」「どんな念(おも)いを持っているのか?」を絶えず意識して自己内在させておく必要があります。

伝えたいことや念(おも)いは、他の誰でもなく、あなた自身の価値観や軸に沿って決められ、言葉を通して伝わっているのです。
この価値観・軸の構築に必要なプロセスが「質疑応答」です。

あなたが今、一番伝えたい人は誰ですか？
あなたが今、一番伝えたい事は何ですか？

この2つの問いかけを絶えず自分にすることで、私の質疑応答術は確立していきました。

家族のこと
社員のこと
取引先のクライアントのこと
友人のこと
今はなき両親のこと

なぜ、この瞬間に一番伝えたい人として、その人を選んだのか？

なぜ、この瞬間に一番伝えたい事として、その事を選んだのか？


この選択理由を深掘りすることで、自分が大切にしているものや優先順位の基準、判断軸、意思決定のプロセスなどが整理されていきました。

普段から自分自身に問いかけること。

私がビジネスパーソンとして企業に所属していた時に上司から言われて一番戸惑ったのは、

「それで、あなたはどう思うの？」


という一個人の見解を求められた時でした。

プレゼンに書いてあることをしっかり伝え、それに対して具体的な指示をもらって行動することが最適なビジネスパーソンの処方だと思って仕事をしていました。

それまで自分の見解を求められたことがなかったので、とても驚きながら、当たり

前ですが、その時、何も答えられなかった自分がいました。当然、上司のコメントは、

「もう一度、よく考えてきなさい」

という当然のフィードバックとなったのです。初めて自分の仕事を主体的に捉えるという意味を理解できた上司からの問いかけでした。

意見を聞かれた時に自分の見解を瞬時に答えられるように、日々繰り返して行う地道な鍛錬こそ、この「質疑応答術」を通して得られる、自分にしか導けない自分らしい答えの出し方なのです。

ＶＵＣＡの時代の特徴は、これからますます顕在化していきます。これまでの経験則や価値観が通用しなくなる時代において、いかに自分自身と向き合い、

「自分だったら」

の見解がすぐに出てくるよう自分に向き合いながら念(おも)いを強く描いてみてください。

「それで、あなたはどうするの?」

「質疑応答術」が、これからあなた自身が描く未来への一助となりましたら幸いです。

改めまして、今回の書籍の執筆にあたり、これまでにない切り口となった「社内プレゼンの質疑応答術」を生み出す上で多くの時間を寄り添っていただいたすばる舎編集担当の吉田真志様に心より感謝申し上げます。

前田 鎌利

令和三年五月吉日

未来を
つかめ

【著者紹介】
前田 鎌利（まえだ・かまり）

書家・プレゼンテーションクリエイター
1973年福井県出身。東京学芸大学教育学部書道科卒業。5歳より書を始め、独立書家として活動しながら光通信、J-Phone、Vodafone、ソフトバンクに従事。

2010年、孫正義氏の後継者育成機関「ソフトバンクアカデミア」の第1期生として選考され、初年度1位の成績を修める。孫正義氏の資料作成にも携わり、プレゼンテーションスキルはソフトバンク社内のプレゼンテーション研修プログラムとして採用され後に書籍化。累計30万部を超えるプレゼンテーションの定番書となる。

2013年にソフトバンクを退社し、未来へ書をはじめとした日本の文化を継承していく「継未-TUGUMI-」を設立。全国700名を超える生徒が通う教室を経営している。

書家としてJリーグ「絶対突破」、ソフトバンク「志高く」、JAXA「こうのとり」、羽田空港「翼」をはじめとして多くの書を揮毫。個展・ライブパフォーマンスは国内のみならず、NY、フランス、イタリア、イギリス、スイス、中国、韓国、台湾、シンガポール、タイなど海外でも精力的に活動する。17年に及ぶビジネス経験を基にしたビジネススキルの企業研修・講演等は年間200を超える。

著書：『社内プレゼンの資料作成術』『社外プレゼンの資料作成術』『プレゼン資料のデザイン図鑑』『最高品質の会議術』（ダイヤモンド社）『最高のリーダーは2分で決める』（ソフトバンククリエイティブ）『ミニマム・プレゼンテーション』『入社3年目までに押さえたい 社内プレゼンの攻略術』（すばる舎）

BookDesign：山田知子（チコルズ）

社内プレゼンの質疑応答術
決裁者を納得させる最強の答え方と準備の方法

2021年　6月28日　第1刷発行

著　者──前田 鎌利
発行者──徳留慶太郎
発行所──株式会社すばる舎
〒170-0013 東京都豊島区東池袋3-9-7 東池袋織本ビル
TEL　03-3981-8651（代表）03-3981-0767（営業部直通）
FAX　03-3981-8638
URL　http://www.subarusya.jp/

印　刷──株式会社シナノ

落丁・乱丁本はお取り替えいたします

ISBN978-4-7991-0972-4